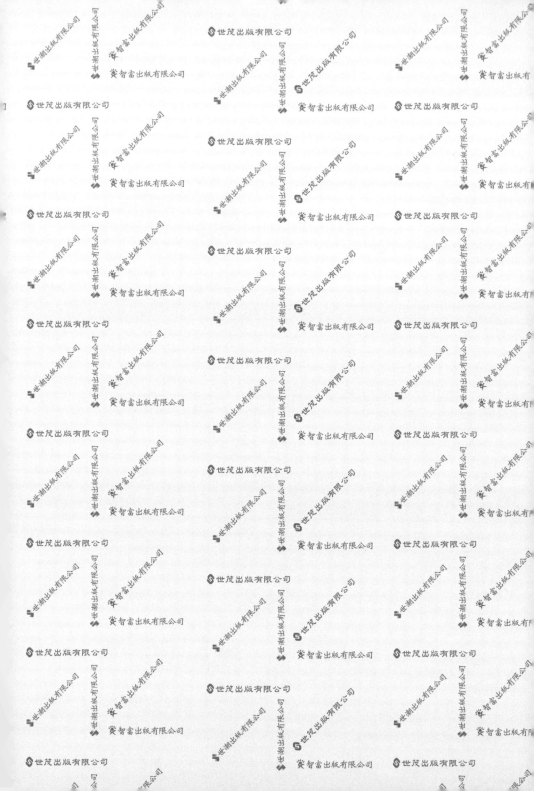

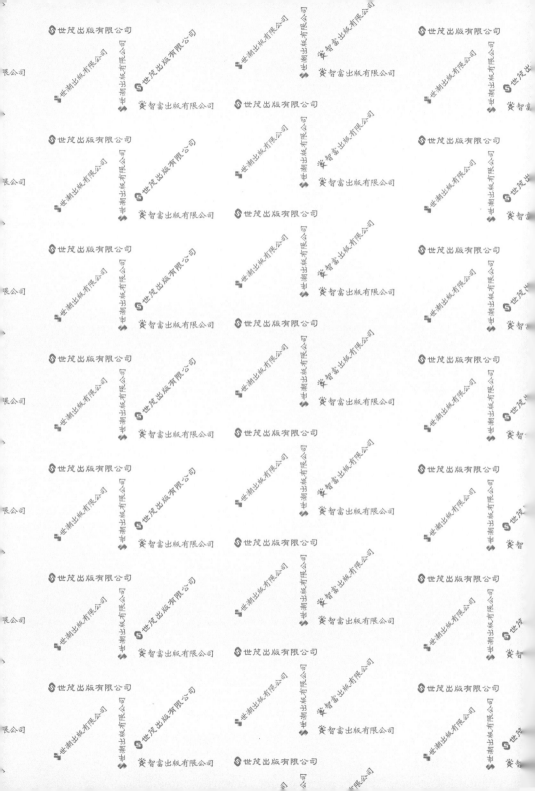

奧運教練教孩子

想要改變「孩子」，
先從改變
家長「自己」開始！

3秒鐘潛能培養法

正面驅策幫助孩子成就自我，找到人生目標

前奧運銅牌・運動心理諮商師
田中Oulevey京／著
殷潔芳／譯

前言

就從今天開始！神奇的「教養策略」

前言

讓教養孩子變得完全不同的「因應技巧」

運用因應技巧，改變大人和小孩！

我是個運動心理諮商師，從身心兩面來著手進行心理諮詢。我的服務對象涵蓋各個領域，包含日本職業足球聯盟選手，職業高爾夫球選手，奧運選手等運動員，以及活躍於業界的商務人士、小學生和父母親等等，配合每位個案與不同目標來進行心理訓練。

我曾在一九八八年漢城奧運水上芭蕾雙人項目中，與小谷實可子小姐搭檔獲得銅牌（提起這麼久遠以前的事，真是不好意思）。我在21歲時退役，歷經國家代表隊教練等工作之後，赴美求學。其後六年半的時間，我都在美國的研究所攻讀心理學。

當時在美國學到的壓力調適法——因應技巧（Coping Skill）*，是我目前應用在心理諮詢方面的技巧之一。

Coping 這個字，是由 Cope（克服、調適之意）這個動詞加上 ing 而成。Coping Skill 指的是「因應技巧」，是以「認知行為治療」和「理性情緒行為治療」為理論基礎。

這些心理治療的方法，在治療憂鬱症等問題上非常有效，且廣泛應用於全世界。而我所學習的的因應技巧，在這十多年來，主要是針對運動選手、企業經營者、商務人士，以及醫師等「一上場就要發揮實力」，是屬於專業人士的治療方法。

那麼，擔任運動心理諮商師的我，怎麼會寫一本有關教養的書籍呢？事實上，從我自己將因應技巧應用於教養孩子，寫書的念頭就開始萌芽。

＊註：通常指因應困境、適應壓力、目標設定、專注、免於擔憂、成就動機、適應教練等技能。

簡單來說，因應技巧是一種心理調整方式，就像是「心理使用說明書」一樣，蘊含了發揮實力到極致，幸福過生活的訣竅。

自從我將因應技巧的概念應用在教養方面，就明顯感受到親子之間產生戲劇性的變化，特別是在身為母親的我自己身上。

親子互動成長的教養方式

我有一兒一女。老大誕生時，我正在美國的研究所學習因應技巧。老二的誕生，則是在我剛成立以「心理和身體的健康」為理念的公司時。我當時尚未將因應技巧運用在育兒上，生活情況完全是「成天忙碌不已」、「手忙腳亂的新手媽媽」、「成為母親之後，工作就大受影響」。當時的我，承受著許多壓力而身心俱疲。

然而因應技巧帶來了戲劇性的變化，日復一日的工作、家事，以及育兒所造成的壓力都大幅減少。因為壓力減輕，所以快樂加倍。因為不累積無謂的壓力，自然行有餘力，於是能夠在工作和生活之間取得平衡，保有自己的時間。更重要的是，我自己的想法有了大幅度的轉變。

我領悟到「**憤怒和責罵絕不會使人成長**」，並且對於「教養」這個詞彙的既有觀念，也有了完全不一樣的見解。

站在教養策略的角度來看，我的基本態度只有一個：「**在孩子成長的同時，父母也要跟著成長！**」這樣的體認非常重要。

每天養育孩子，同時思考著「我今天是否有所成長」，隨時隨地學習、反思。抱持著這樣的觀點，即使在教養孩子當中遇到許多問題，也能以輕鬆的心態反問自己：「解決了問題，我和孩子會有什麼成長呢？」來調適壓力。

另外，更能因此注意到自己的情緒變化，「我真是不成熟，才會因為這麼點小事就情緒焦躁，還把氣出在孩子身上」，理解煩躁消沉的原因，並且將所有不愉快的事，都視為「人生課程」。

如果**將育兒過程中的一切**，都當作**是為了孩子與自己的成長**，那麼我們對孩子所說出的每一句話，就會變得完全不一樣。

重要的是改變「自己」，而非改變孩子

在親職教育講座中，我最常被問到的問題之一是：「不管在運動方面或是讀書方面，我該向孩子說些什麼，才能讓他知道努力和挑戰有多麼重要呢？請告訴我最有效的方法。」

每每我會回答：「最有效的方法，就是身為父母的我們必須身體力行，要讓孩子看到自己不斷地努力進行挑戰的樣子。」

人們不會因為一再被提醒「你要改！」就會改變。再怎麼跟孩子說「你要念書！」孩子也不會突然從「覺得打電動比較有趣」，改變為「覺得唸書更有趣」。

想要藉著語言來傳達「努力」或是「挑戰」這類眼睛看不到的「美好事物」，反而會造成反效果。比起言傳，不如身教，讓孩子看到父母為了成就某事而不斷地努力，或者是對某事進行挑戰，失敗之後設法繼續挑戰的姿態，讓孩子透過父母身教而

得到領悟，這是很重要的。

看到父母主動、持續地改變自己，孩子一定會跟著有所轉變。

因應技巧等心理訓練的作法，本身雖然相當簡單，但是絕非唾手可得。心理訓練就和肌力訓練一樣，**養成習慣，每天一點一滴地訓練心靈的力量**，我們就會確實出現變化。

前提是身為父母的我們，要誠實地面對自己，每天認真生活。

在我們跟孩子說「我希望你這麼做」，催促孩子去做某件事之前，請先試著從「自己本身」著手改變吧。

這才是最為重要，並且確實可以得到效果的一條捷徑。

田中 Oulevey 京

目錄

目　錄

第2章

改變孩子，只要三秒鐘！

語言的神奇魔力——善用「自我對話」技巧

★改變自己！改變孩子！「14天計畫」

第3章

培育「人生天才」的教養重點

激發八大黃金潛能！

目　錄

第1章

激發孩子的無限可能！提升「親職力」

如何培育孩子的「幸福力」

「可以讓自己幸福的孩子」最優秀！

我提供心理諮詢以協助人們發揮最大的潛力，產生傑出表現。我的服務對象主要是活躍於商業界或體育界的人士。另外，也有以父母親為對象的「教養策略」，以及針對小學生的「心技體（註：心態、技術，以及體力的總稱）教室」。

從心理諮商的經驗當中，我獲得了明確的結論，**「可以讓自己幸福的人」是最優秀的。**

無論是大人還是小孩，無論職業、地位，或者活躍於何種領域，都是一樣的。

可以讓自己幸福的能力——我們可稱之為「幸福力」，只要擁有幸福力，那麼無論在什麼狀況下，都能客觀審視自己，讓自己成長，展現出實力，不怕逆境，能專注於思考如何開創出屬於自己的一片天。

我們可以看到具備「幸福力」的孩子們**快樂地成長茁壯**。不需要父母太過費神，孩子就能自然地發展才能並發揮實力。站在父母的立場，沒有比這更輕鬆的。

不過畢竟是孩子，當然還是必須適時給予支持，但父母不需要太過勞心勞力。同樣進行心理諮詢，以培育「幸福力」的方式來教養孩子的父母，與不這麼做的父母，其間的差異是一目了然。

「幸福力」的基礎是「辨識力」

要具備「讓自己幸福的能力」，前提是要知道「自己在做什麼的時候覺得很幸福」，以及「在做什麼的時候覺得不幸福（覺得厭惡）」。

「踢足球時的我是最幸福的。我不喜歡唸書，也不喜歡彈鋼琴。」能夠像這樣自覺分辨很重要。

如果能做到這一點，

A說：「我不喜歡唸書，但是長大之後，我想和很多國家的人交流。所以我想，只會英文是不夠的，還要會向外國人講解日本的歷史，也有可能會聊到最新科技。爸爸說這些都是和世界各國的人交朋友的好機會，所以，雖然不喜歡但還是要繼續唸書，沒辦法啊，只好加油囉！」

B說：「我不喜歡彈鋼琴。繼續彈下去也許會有什麼好處吧，不過現在還不知道呢。我為什麼討厭彈鋼琴啊？嗯，我討厭的到底是鋼琴？是老師？還是有鋼琴課的那一天呢？到底是什麼？但是我一開始怎麼會去上鋼琴課呢？我來問一下媽媽好了。」

孩子像這樣一層層分析自己的想法，對於自己討厭或是感到苦惱的事物，有能力去思考「為何會這麼覺得」並著手解決問題，如此還可自然地培育出「**問題解決能力**」。

「幸福力」的基礎是「辨識力」

「高興」
「快樂」
「滿心期待」

①自己在做什麼的時候會覺得幸福呢？
②自己在做什麼的時候覺得不幸福呢？

「討厭」
「無聊」
「不喜歡」

A
雖然現在不喜歡，但對於未來是有好處的

還是來做吧

將來我要活躍於國際舞台，所以要讀書。

我想當體育老師。雖然討厭數學，但為了要升上大學，還是來做數學吧。

B
就算持續下去也看不到什麼好處

想想辦法吧

培育出問題解決能力

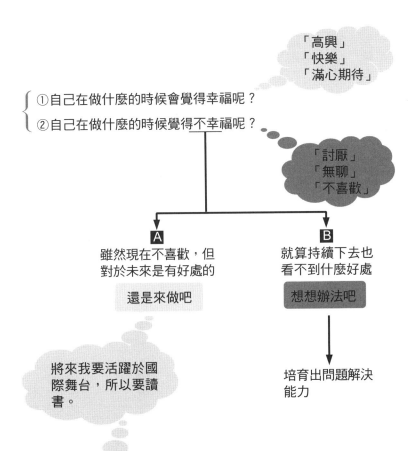

A是「雖然現在不喜歡，但繼續下去對未來有好處」，B則是「現在不喜歡，而且就算持續下去也看不到什麼好處」。

辨識這兩者差異的能力相當重要。具備這項能力的孩子，到了國中、高中、大學……，隨著年齡的增長，愈能明確地發揮出實力。

因為參加考試、就業，以及結婚等等，對於人生有著極大影響的選項將會越來越多。

「辨識力」是影響孩子未來的關鍵

有一個小學低年級的孩子曾問母親這樣的問題。他是個辨識力和問題解決能力都發展得很好的孩子。

「鋼琴課很無聊，我不想學了。媽媽你希望我要學到什麼程度呢？」

母親聽到這個問題非常驚訝。

「哎呀，你說要到什麼程度啊，這真是個好問題。不過，媽媽不知道你覺得鋼琴課很無聊，媽媽還以為你想要學呢！」

其實，孩子只是因為感受到身為鋼琴老師的母親所賦予的期望，所以才繼續學鋼琴。

站在母親的立場來看，孩子的這句話讓她很震驚。她說：「我並沒有打算向孩子施加壓力，不過和孩子談過之後，我才發現孩子的確有壓力。」

這類的誤解其實出乎意料地多。如果是親子檔前來進行心理諮詢，我一定會先和孩子單獨面談30分鐘，再和母親單獨面談30分鐘。我發現孩子們都具有敏銳的觀察力，可以觀察到許多事情。因此，大人只要**站在孩子的立場來問話，就可以問出孩子心中真正的答案**。

如果孩子的年齡越大，這類存在於親子之間的誤解就會造成越大的傷害。

「因為媽媽希望我去唸○○大學，我才去的。」

「那是因為我以為這樣對你比較好啊！我不知道你不想進這間學校。」

如此一來，對於親子雙方都會是很大的遺憾。

還有一個難題是，**若沒能趁早培育這項「辨識力」，孩子就會成長為一個不知道「自己想做什麼」的人。**

別說是人生的意義，有時候孩子內心還會被空虛感以及不滿足感佔據，甚至「**連自己也不清楚到底有什麼不滿**」，毫無來由地感到不安。

如果孩子無法覺察「自己的感受」，那麼長大之後，關於升學、就業，以及結婚等許多人生選項，都不清楚**自己真正的想法**，人生成為原地踏步的狀態，也有些人會以「自己很不幸」、「運氣不好」等想法來逃避。

蘊藏無限潛力的「八大黃金潛能」

所以，該如何才能使孩子具備「讓自己幸福的能力」呢？

我認為基礎是確實培育出以下八種精神，並且深植於孩子的心中。

1 我是被愛著的！（自我認同感）
2 我做得到！（自我效能感）
3 重點是要去挑戰！（挑戰精神）
4 對自己的行為負責！（自我責任感）
5 就算失敗也無妨！（接受失敗）
6 犯了錯我可以改！（逆境因應能力）
7 我對自己所做的事樂在其中！（自我幸福感）
8 我可以做出改變！（自我改變能力）

這八項指標是我多年的好友——運動心理學權威吉姆・泰勒博士（Jim Taylor, PhD）所提倡的「正面驅策（Positive Pushing）」，亦即「孩子背後的助力」。

具備「八大黃金潛能」的孩子，也就是擁有無限潛力的孩子。

為了培育出各項能力，我們該如何與孩子應對？該做些什麼？又有什麼是不能做的呢？相關具體作法，第三章將會詳細說明。

若能培育出這八項潛能，那麼無論是參加考試、體育競賽，或者其他各種方面，孩子都能發揮出**遠遠超過父母想像，孩子所「特有」的能力**。

即便是遭遇困難，也能在沮喪、苦惱過後，客觀地審視自己。**對自己抱持著自信**的同時，孩子也有感到迷惑的時候，這都是必經的過程。然而，只要孩子明白「能給自己幸福的只有自己」，就能一面成長，一面發揮才能，進而培養出**能以自己的方式過得精彩又快樂**的能力。

這就是可以「讓自己幸福的孩子」。

不過，有個大前提是，我們必須在開始就先做一件事。

那就是要重新審視你自己，也就是要重新檢討父母本身。這是快速地提升父母能力——「親職力」——的第一步。

關於「心」，父母一定要知道

決定人生的是行動，決定行動的是心

人生終究是由人的「行動」所創造，而行動的根源在於「心（思想）」。

這表示，**是否知道「如何運用自己的心」，對於我們將成就什麼樣的人生，有著重大的影響**。

例如孩子考了個很低的分數，你會有什麼反應呢？

不經思考就怒罵道：「這個分數是怎樣？」責罵：「你這樣下去不行！」指責孩

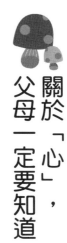

子：「就因為你沒有好好準備啊！」或者嘆著氣說：「為什麼只考到這麼一點分數！」可能會有許多不同的反應。

而孩子的反應也是各式各樣。垂頭喪氣的孩子、頂嘴辯解的孩子、生著氣回說「沒辦法啊」的孩子，也有孩子哭了出來。

無論是哪一種，怒罵只會讓親子雙方都累積無謂的壓力，持續以這樣的方式來應對，孩子的成績是不會進步的。雖然以父母的立場來說，責罵孩子是「希望孩子能變得更好」。

不過，如果我們知道「如何運用自己的心」，即使遇到負面狀況，也能以另一種角度來理解，甚至將壓力轉換成助力，以積極正面的態度來因應。

我們的「心理運作機制」

在心理學中，將壓力定義為「刺激所引發的身心『失衡』狀態」。

所謂的「刺激」，就是導致壓力產生的狀況（事件），又稱為壓力源。

譬如「孩子的成績不好」這是一個「刺激」。

此時，若開始負面想像「這樣不就進不了好學校了嗎？不行啊，孩子會沒前途」，情緒就會焦躁起來，因而責罵孩子，甚至連頭都會痛，身心失衡，出現「情緒反應」和「生理反應」。

也就是說，我們的心理運作機制如下：

①**刺激**（事件）——孩子的成績不好。

↓

②**評價**（思考方式）——「成績這麼差，怎麼進得了好學校。孩子沒前途了！」

以此想法，來評價這個事件。

↓ **壓力產生**

③**壓力反應**（情緒反應與生理反應）——焦慮、頭痛。

壓力的產生過程

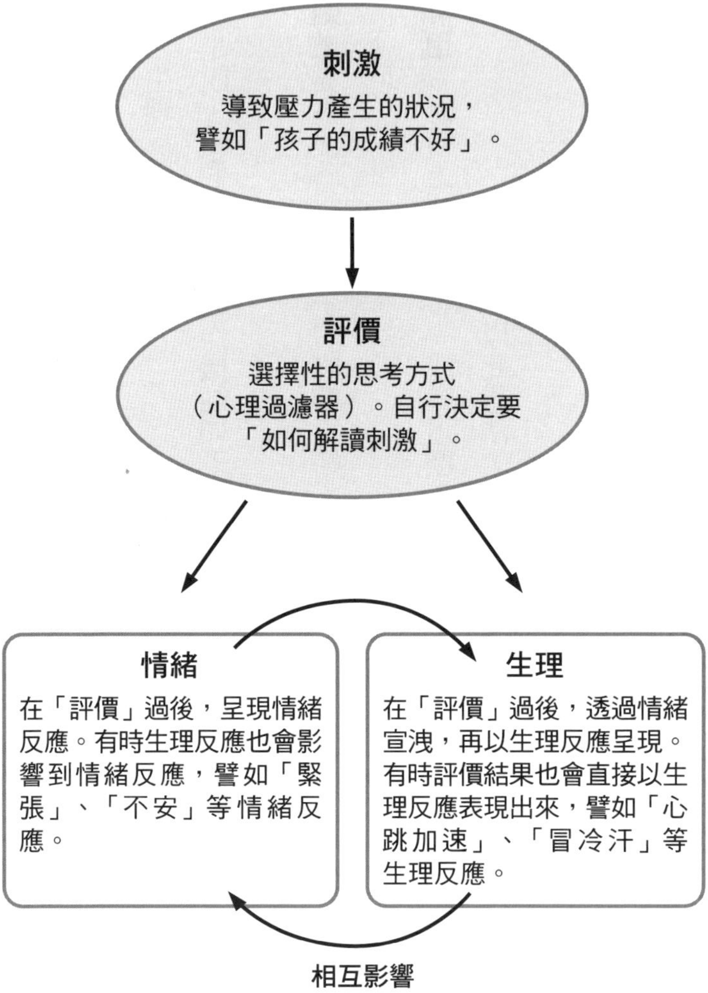
刺激
導致壓力產生的狀況，
譬如「孩子的成績不好」。
評價
選擇性的思考方式
（心理過濾器）。自行決定要
「如何解讀刺激」。
情緒
在「評價」過後，呈現情緒反應。有時生理反應也會影響到情緒反應，譬如「緊張」、「不安」等情緒反應。
生理
在「評價」過後，透過情緒宣洩，再以生理反應呈現。有時評價結果也會直接以生理反應表現出來，譬如「心跳加速」、「冒冷汗」等生理反應。
相互影響

「焦慮不安」、「悲傷難過」、「冷酷無情」等情緒反應，與「頭痛」、「暈眩」、「心跳加速」、「倦怠」等生理反應的產生是相關的。

這個壓力產生的過程，也是「心理使用說明書」即因應技巧的基礎。

開創幸福人生的心理學

有趣的是，即使我們遇到同樣的狀況，但只要換個角度，就會使「壓力產生與否」造成不同的結果。

換句話說，即使是同樣的「刺激」，但只要「評價」不同，就可能不會產生壓力。

我們來看看另一種評價結果。

①**刺激**（事件）——孩子的成績不好。

↓

②**評價**（思考方式）——「哎，成績不好真不是件開心的事。不過，幸好現在知道哪個科目比較弱，只要再加強那個科目就好，加油啦！」以此想法來評價這個事件。

→沒有壓力產生

這就表示，面對同樣的事件，有人會把它評價為「討厭的事」、「絕對不容許發生的事」，以及「不得了的事」，將「壓力的尺寸」自行放大。也有人能用正面的態度思考，「雖然不是件開心的事，但既然事情已經發生了，就來想想該如何改善」，來減低或是抵消事件的影響力。甚至還有人能將其轉換為「前進的動力」等正向反應。

換句話說，**真正的問題是在於「當事者本人對於刺激如何『評價』」**。

在我們的人生中，免不了會遭遇到許多事件。無論父母多麼想要保護孩子，孩子在成長的過程中，還是必須自行克服考試、人際關係，以及就業等許多的狀況。

因此，無論是父母或者孩子，與其逃避刺激，倒不如接受刺激，**建立起自己的認知評價，主動建構出幸福的人生**，而這就是「因應技巧」。

接下來就要向讀者介紹什麼是因應技巧，以及如何執行這項技巧。我們來看幾個具體的例子。

「評價」結果大不同！

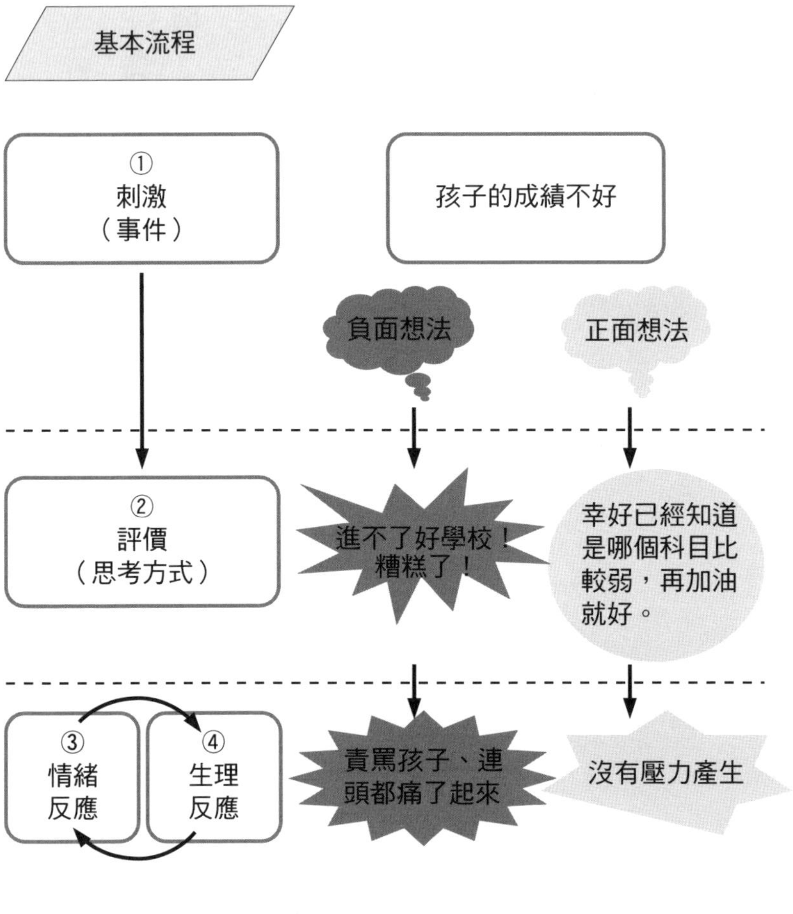
基本流程
①
刺激
（事件）
孩子的成績不好
負面想法
正面想法
②
評價
（思考方式）
進不了好學校！
糟糕了！
幸好已經知道是哪個科目比較弱，再加油就好。
③
情緒
反應
④
生理
反應
責罵孩子、連頭都痛了起來
沒有壓力產生

父母要先培養「問題解決能力」

針對①刺激、②評價、③情緒反應，以及④生理反應這四個項目，我們分別以不同的因應技巧來解決。

接下來，我們就先來看看針對①「刺激」的因應技巧。這與問題解決能力有直接相關。

有意識地選擇事件——刺激因應技巧

抵消或是減少壓力（刺激）產生的原因，這樣的處理方法，我們稱為「刺激因應技巧」。

比方說，你正在車站等捷運。捷運駛進月台停靠。當你正打算上車時，發現車廂裡非常擁擠。

此時，你會沒多想什麼就上車，然後在不愉快的車廂裡搖搖晃晃幾十分鐘呢？還是會想著：「客滿真讓人討厭。我還是搭下一班車吧，才不會這麼擠。」有意識地做選擇。

前者是「對自己的情緒毫無自覺」的類型。相反地，後者則是「**能夠覺察自己的感受，並有意識地思考，進行選擇**」的類型。

後者「覺察」到自己「很討厭坐在客滿的車廂裡」。既然有所覺察，就會自問「那要怎麼做呢？」而能想出別的選項。

首先是「覺得討厭？那是要搭車還是不搭車？」

此時若因為趕時間而決定「就算討厭也要搭車」，**因為有自覺「是自己決定的」，壓力就能大為減少**。「是自己的決定」這種感覺，正是自然地學會運用「刺激因應技巧」的結果。

這樣的人不容易累積無謂的壓力，就算產生壓力，也能及早覺察，在狀況還不嚴

刺激應對技巧

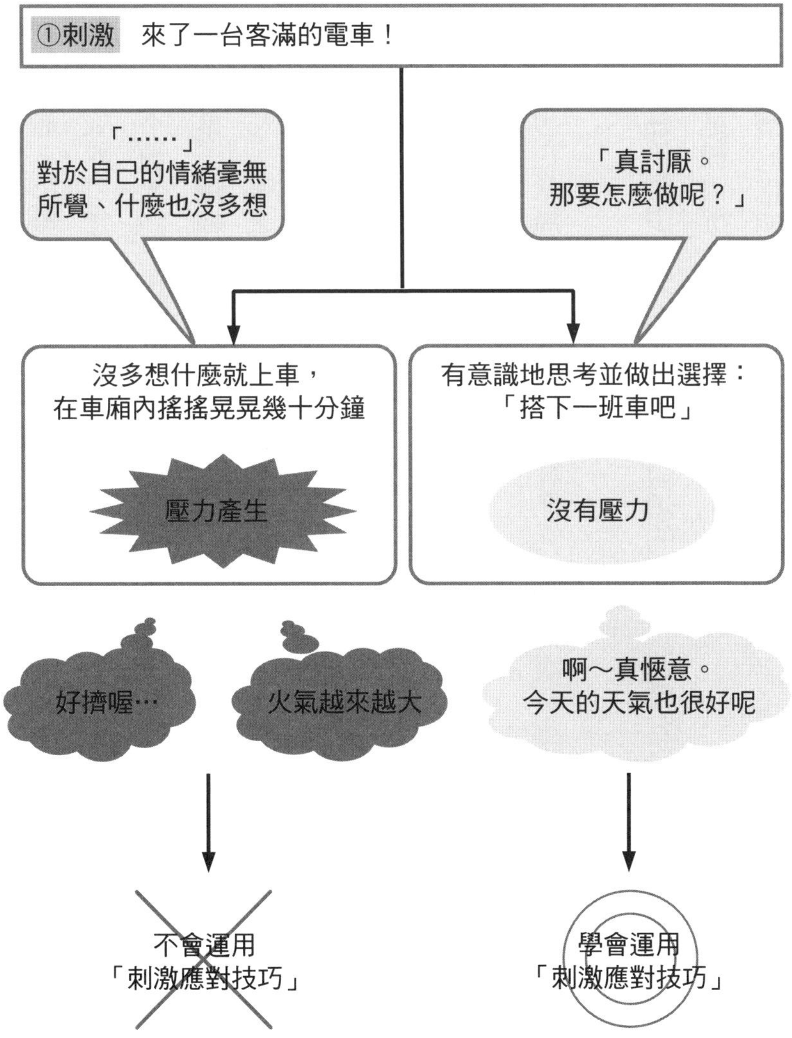
①刺激　來了一台客滿的電車！
「……」
對於自己的情緒毫無
所覺、什麼也沒多想
「真討厭。
那要怎麼做呢？」
沒多想什麼就上車，
在車廂內搖搖晃晃幾十分鐘
壓力產生
有意識地思考並做出選擇：
「搭下一班車吧」
沒有壓力
好擠喔…
火氣越來越大
啊～真愜意。
今天的天氣也很好呢
不會運用
「刺激應對技巧」
學會運用
「刺激應對技巧」

重時就進行調整，「減少壞的壓力，善用好的壓力」。

麻煩的是毫無自覺的類型。什麼也沒多想就上車，完全沒有思考過「自己容易因為什麼而感到不愉快」。在搖晃的車廂裡碰撞到別人，雙方怒目相視，於是不理性地認為「今天真是太糟糕了」，讓自己更加煩躁，又不能唸個咒語就讓客滿的乘客消失，因而覺得人生真是「前途一片黑暗」。（順帶一提，這個例子是來自於學習因應技巧之前的作者自己。）

對壓力毫無自覺

糟糕的是，在毫無自覺類型當中有許多人，完全沒有意識到「自己是否有壓力」這件事。

這種人會在無意中嘆氣、顯露出不耐煩的態度，連帶為身邊的人也帶來了壓力，然而，對於這種種情況，本人卻毫無所覺。

如果在擁擠的車廂裡問他「你現在很煩躁嗎？」他一定會回答「不會啊！」、

「就是這樣啊，沒辦法。」

他並非故意說謊，只是**未曾注意過自己的感覺和情緒，甚至還會習慣性地加以忽略**。

在下車之後，他才覺得「奇怪？怎麼不太舒服。」其實人還在車廂裡的時候，呼吸就變得比較淺，但當時卻完全沒有察覺。

這是因為「辨識力」不足，所以才會沒有辦法區分「自己討厭的事物」以及「讓自己幸福的事物」。詳細說明請參見下頁圖示。

無論處於人生的任何階段，面對生活中的不同壓力，能夠運用「刺激因應技巧」的人，就代表他擁有出色的「辨識力」，也就是**具備良好的問題解決能力的人**。

前面所提到，學鋼琴的男孩與母親的對話，小男孩就是運用「刺激因應技巧」來處理「學鋼琴」這個導致壓力產生的原因。

父母要珍惜自己

首先父母要了解「自己討厭的事（刺激）是什麼」，然後進行有意識地思考「該如何解決這個問題」，並決定處理方式。

「客滿的車廂」這個**事件本身是改變不了，不過，「自己要做出什麼選擇」則可以任意改變。**

這麼一來，壓力就可以減輕，也能讓自己變得快樂，笑臉迎人。所以我希望無論是父母或是個人，都能掌握這個「刺激因應技巧」。

有些人認為忍耐是一種美德，不過「珍惜自己」與任性並不相同。

太過勉強自己，對於身心都會帶來不好的影響，最後終究會影響到身邊的人。

對事件的辨識要點

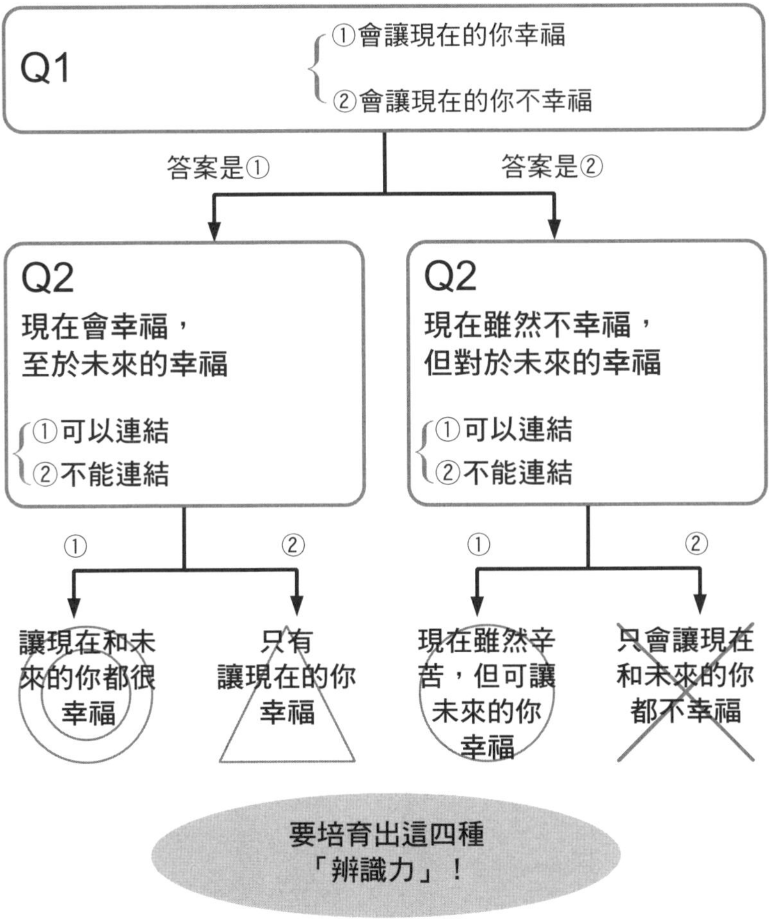
Q1
①會讓現在的你幸福
②會讓現在的你不幸福
答案是①
答案是②
Q2
現在會幸福，至於未來的幸福
①可以連結
②不能連結
Q2
現在雖然不幸福，但對於未來的幸福
①可以連結
②不能連結
①
②
①
②
讓現在和未來的你都很幸福
只有讓現在的你幸福
現在雖然辛苦，但可讓未來的你幸福
只會讓現在和未來的你都不幸福
要培育出這四種「辨識力」！

「刺激因應技巧」的訓練方法

父母該如何練習運用刺激因應技巧呢？方法其實很簡單。平時多留意與自己對話：「現在覺得如何呢？感覺很好？還是覺得很討厭？」和朋友聊天時、與孩子相處時、搭乘捷運時……等等，在各種不同的狀況下，傾聽自己內心的聲音。

最重要的是「覺察」，感覺到自己心中的厭惡感，壓力就會減輕，也就能夠自然而然地想出「該採取什麼行動」。

譬如說，走在路上卻突然下起雨來，如果自己產生「現在全身都濕透了，很不舒服」的感覺，就會去買一把傘來撐。然而附近若是沒有店家，就會用跑的。我們會自行採取對策，這就是一種「刺激因應技巧」。

不過，若未能覺察或者留意到「不舒服」的感覺，就不會採取任何對策。結果會

在無意中累積了無謂的壓力。

另外，不管是人際關係或是其他方面，如果注意到「怎麼覺得有點討厭呢」卻無法立刻就找到答案時，就有必要具體思考一下「為什麼？」、「**自己是在討厭什麼呢？**」、「**究竟是無法接受對方的哪一點呢？**」

因為若是找不到原因，就無法解決問題。

在找出原因之後，就要想想「那我該怎麼做？如何才能解決問題？」這項習慣與「刺激因應技巧的力量」有直接相關。

「刺激因應技巧」3 步驟

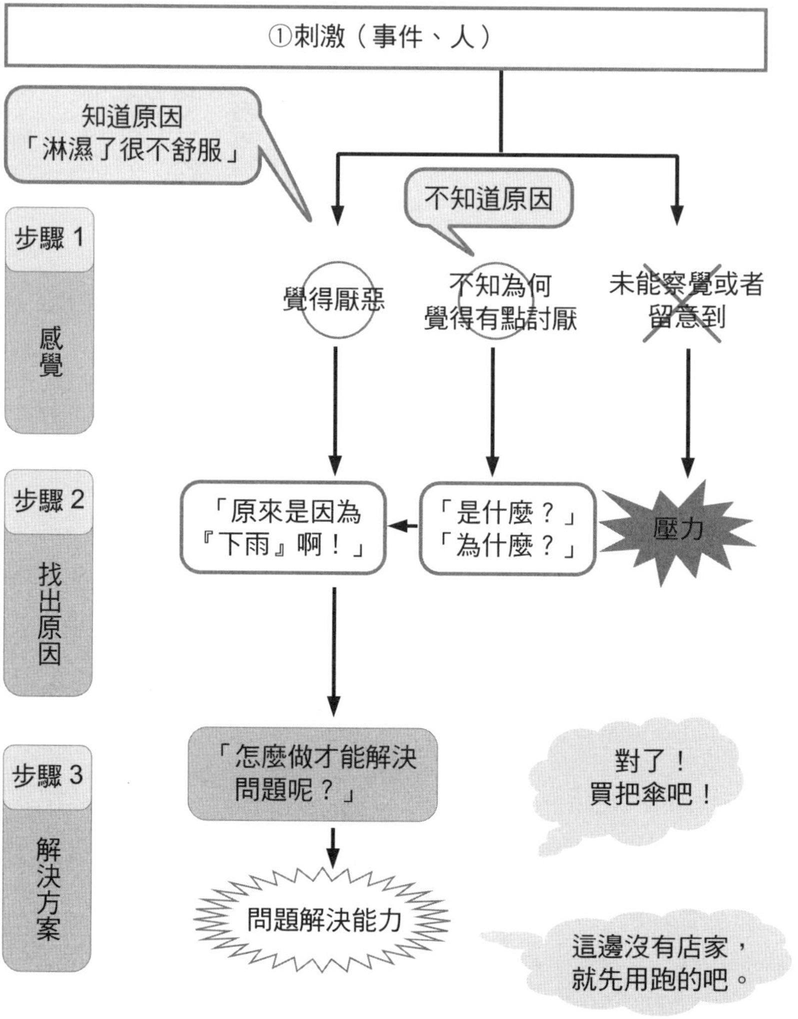

①刺激（事件、人）
知道原因
「淋濕了很不舒服」
不知道原因
步驟 1
感覺
覺得厭惡
不知為何
覺得有點討厭
未能察覺或者
留意到
步驟 2
找出原因
「原來是因為
『下雨』啊！」
「是什麼？」
「為什麼？」
壓力
步驟 3
解決方案
「怎麼做才能解決
問題呢？」
對了！
買把傘吧！
問題解決能力
這邊沒有店家，
就先用跑的吧。

你知道「孩子真正的模樣」嗎？

跨出第一步——「自我」覺察

前文中提過，知道「現在自己感覺如何」是刺激因應技巧的開始。以下頁的圖來說明，就是要覺察自己的③「生理反應」和④「情緒反應」。

覺得不舒服？還是感覺神清氣爽？覺得身體很輕盈？還是感覺倦怠？開朗，還是沮喪？

若是未能注意到這些感受，也就無法覺察壓力的存在，那麼當然就無法將因應技巧的重點放在①刺激和②評價部分，於是壓力就會像雪球般越滾越大。

跨出第一步——自我覺察！

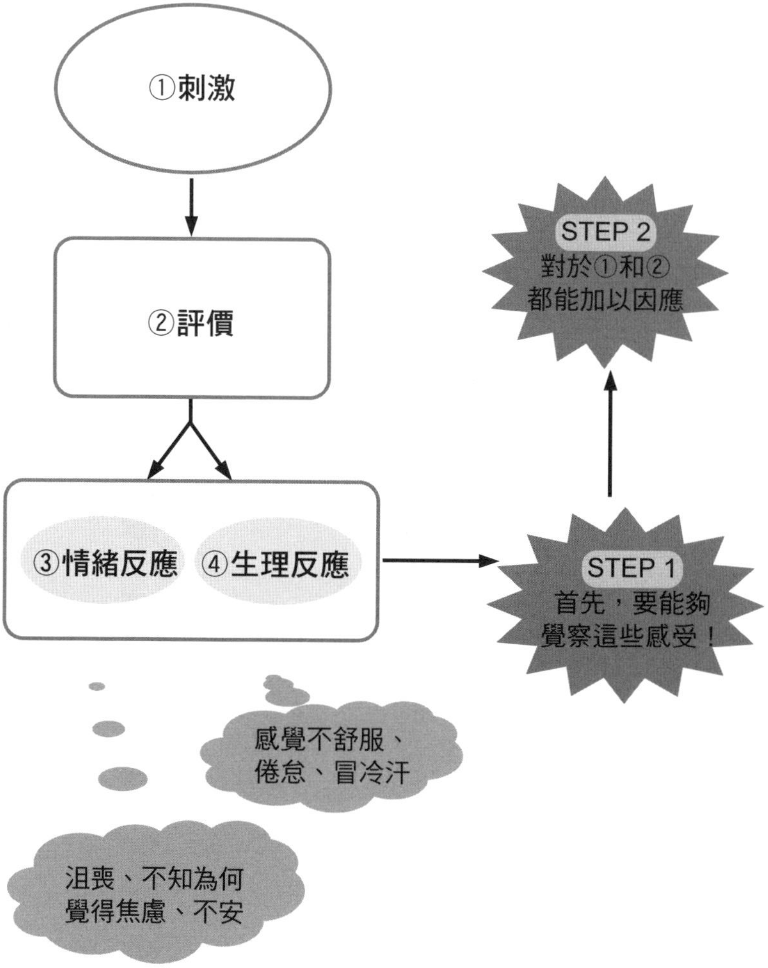
①刺激
②評價
③情緒反應
④生理反應
STEP 1
首先，要能夠
覺察這些感受！
STEP 2
對於①和②
都能加以因應
感覺不舒服、
倦怠、冒冷汗
沮喪、不知為何
覺得焦慮、不安

你平常曾注意過自己的反應嗎？

早上起床時，請試著問問自己「感覺如何？」

我在研討會等活動當中，一問到這個問題，大部分的人都無法回答。

「早上起床時，感覺如何？」

「啊？沒什麼特別的感覺啊。就像平常一樣，我先把孩子叫醒……」

有的人會說「咦？你問感覺如何？是什麼意思？」無法馬上反應而感到困惑。

「你起床後做的第一件事是什麼？」

「我洗了個澡。」

然而，這時我繼續問說「當時感覺如何呢？」

「呃，沒什麼特別的感覺。」

我們要對自己更敏感一點，並且要把「啊，好舒服！」、「喔，真有趣！」、「我現在好幸福哦～」等話說出來。我們要學著有意識地覺察、確認這些感受。

這麼一來，我們在日常生活中就能輕易覺察「奇怪？現在怎麼會覺得不安？」、

「怎麼覺得有點焦慮？」，於是開始思考「為什麼呢？」去找出原因，再決定「那要怎麼做呢？」我們就能依照因應技巧的步驟來進行。

田中老師說

能夠覺察自己的感受，有什麼好處呢？

我也曾有段時期無法「有意識地覺察自己的感受」，好像被困在一個框框中似的。即便我在水上芭蕾選手時期，是被讚譽為「很能表達情感」、「擅長情感豐沛的表演」的選手。

為什麼呢？這是因為我在卸下選手身分之後，就突然失去了「覺察自己真正感受」的內省能力。

現在回想起來就覺得好笑，但是我在留美期間最感到痛苦的是，每天早上都要面對「How are you?」這個問題。我心想「每天還不是都是一樣嗎？」，覺得很麻煩，所以就照著教科書上的「Fine, thank you !」來回答。

不過，有一天我突然覺得「咦？真的是 Fine 嗎？」。於是從那天起，我每天早晨都會跟自己說「早啊！今天感覺如何呢？」很不可思議地，自從我開始試著去「覺察自己的感受」，我對於許多事情都感到新鮮，並且迫切地想要知道「自己對這些事情的真正想法」。更棒的是，我也開始對於別人的微妙情感變化感到好奇。

找出自己的「思考模式」

接下來我要針對②的「評價」部分來介紹更有效果的因應技巧。

例如在地震發生時，雖然晃動得不怎麼厲害，卻有人會因為不安而陷入恐慌狀態，此時偷看身邊的人們，發現大家都是一副若無其事的樣子。

當下若能冷靜地思考「我是對什麼感到不安呢」，就會發現「根本就沒有什麼好怕的呀」。這麼一來，不安的感覺馬上就會煙消雲散。

不過，也有人即使如此還是不安。比如，「害怕地震是理所當然的，應該要害怕」，具備這種「**應該型思考**」的人。

還有一種類型的人，容易將事情以過度誇大的方式來理解，只是一點小事就馬上陷入「不得了！不得了！怎麼辦才好」的恐慌狀態，我們稱之為「**誇大型思考**」。

這兩種類型，壓力都是來自於當事者如何「評價」地震這個「事件」，是否任由自己的「思考窠臼」將壓力放大。

即便向這兩種人詢問理由：「什麼事這麼嚴重呢？」也只會得到這樣的回答「**我也不太清楚**，但就是很可怕啊。因為是地震……」

因為未能覺察到自己的「思考窠臼」，所以無法回答。

如果跟他說「你說說看『**雖然發生地震，但也用不著害怕啊！**』」，他就會因此突然領悟到「這麼說也對啊」，才終於能夠平靜下來。

雖然地震這個「刺激」沒有改變，卻因矯正了歪曲的「評價」而產生不同的反應。

培育「求助能力」的重要性

了解這套心理運作機制之後，我們就能針對這個過程當中的各個部分來運用因應技巧。

然而，當我們覺得「不管再怎麼努力，只有自己一個人還是處理不來」時，就要自己主動向旁人說「有件事想要請你幫忙」，甚至還要具備尋求公共援助等社會支持的判斷力。這也是因應技巧的一種，我們稱之為「**尋求社會支持**」的因應技巧。

這是我希望**孩子一定要培育出的一項能力**。

面對問題時，基本上是自己來處理，但必要時則會主動向父母或朋友等合適的對象尋求協助。孩子遲早要獨立進入社會，**是否具備這項能力，將會造成極大的差異**。

即便是父母親都不在了，或者是孩子獨自一人出門在外，依然有能力開創出自己的一片天。

這個能力能夠幫助你按照自己的想法去做「自己想做的事（夢想）」。

你是戴著「有色眼鏡」看待孩子的父母嗎？

前文中以地震為例，我提到了「評價」的歪曲。

其實，許多父母都是以歪曲的「評價」來看待孩子。

譬如說，當我在談心理運作機制和壓力因應技巧時，一說到：「若是您的孩子也能做到，就太好了！」有些家長會一口咬定：「不可能，我們家的孩子絕對做不到！」或者彷彿事不關己地說：「**哎呀，世上真有這麼好的孩子啊！**」

如果問家長「為什麼會覺得做不到呢？請告訴我理由。」家長便開始侃侃而談。

「因為家裡很寵他，他自己什麼都不會做。」

「因為他都〇歲了，還動不動就感冒，身體不好。」

「他不會控制情緒，常常和朋友吵架。」

然而，「**這是真的嗎？**」這是我們首先要考量的。

孩子是否真的被溺愛，自己什麼都不會做，身體不好，太過情緒化呢？

對於父母來說，**這些也許是「事實」，但並不表示那就是孩子的「實際狀況」**。

其實，父母親本身常會戴著「**有色眼鏡**」來評斷孩子。這時候我就會問「媽媽您的觀點是這樣啊。但是，不知道您的先生怎麼說呢？學校的老師又是怎麼說呢？」

我常有機會與學校、幼稚園的老師們，以及運動團隊的教練談話，也常與孩子們有直接接觸。我覺得很有趣的一點是，父母所認定的「事實」，校方或其他人所認定的「事實」，以及孩子自己所認定的「事實」，往往是截然不同的。特別是有些固執己見的父母，堅信「自己所知道的，才是孩子真正的模樣」。

責罵孩子，原因是在於「父母」而非「孩子」!?

有位戴著有色眼鏡的家長覺得：

「女孩子就應該要文靜乖巧。」

「我家的孩子總是吵吵鬧鬧的，吵得不得了！」

「不像個女孩子的話，長大後就嫁不到好老公，真傷腦筋！」

「明明是個女生還跟男生打架，真丟臉。」

諸如此類，父母在不知不覺中就作出了「評價」。

其實那個孩子的「實際狀況」是「才剛滿六歲，表達情感的方式很直接，與年齡相符合，是個天真無邪的孩子。」

父母如果摘下「女孩子就應該要文靜乖巧」的有色眼鏡，對於孩子的評價就會截然不同，責罵孩子的次數也會減少。

這麼一來，父母就能冷靜地觀察孩子的「實際狀況」，不再固執己見。

其實大部分的案例都像這樣，父母責罵孩子是因為「自己」的有色眼鏡，而並非是孩子的問題。

有色眼鏡就是心理運作機制的「評價」部分。

檢驗自己「心中的那把尺」

在某場聚會當中，有位母親嘆著氣說了這些話：

「我家的孩子雖然是男生，但總是會自己主動跟人家道歉。男孩子這樣不好吧，所以我很擔心。」

於是另一位母親也說：「我們家的孩子被插隊也不生氣，而且總是跟別人說『好啊』，讓給人家。明明是個男生卻這麼懦弱，我很討厭他這一點。」

這兩位母親的共通點是「應該型思考」，認為「男生當然要強悍，應該要據理力爭」，她們都戴著有色眼鏡來評價孩子。

一直都有人告訴我「男生應該如何」、「女生應該如何」這類的煩惱。

我們為人父母最容易犯的錯誤，是根據自己的標準做出片面評價。像是「男生就應該要這樣」等等，根據自己「心中的那把尺」來做判斷，若這把「尺」是有失偏頗的，就會因此造成摩擦，「這個孩子的『乖巧』程度得再提高一點，而『害羞』程度則是要再降低一些」自行為孩子訂下標準，若孩子沒有達成，就兀自擔心、責罵孩子，或是著急、焦慮。有時還會對孩子破口大罵，拚命想要讓孩子有點改變。

除了這個「男孩子的標準」之外，還有「女孩子」、「小孩」、「長女／長男」、「都已經○歲了」等許多標準。

如果父母有著自己的一套標準，孩子就會很無辜。

因為父母親並不會問問孩子「你想要怎麼做呢」或者「為什麼呢」，而是自行決定「應該要這樣」，並強行將孩子「塞進」這個框框裏。

往往父母也會拿這套標準來與其他孩子作比較。

「以女孩子來說，像現在這麼開朗是可以，但希望她還能再認真一點啊！」

「隔壁的小美很乖啊，但我們家的孩子就……」

「就算是男生也太好動了吧！不穩重一點怎麼會有前途？」

只要父母心中有某一套標準，就是戴著有色眼鏡的狀態，因此而無法掌握「孩子真正的模樣」。

當父母說「我家的孩子很不乖」，其實就是拿「孩子」與「自己的標準」對照的結論。

站在孩子的立場，這種單方面的判決未免太不公平，你不覺得有欠妥當嗎？

案例：一位母親對女兒「心中的那把尺」

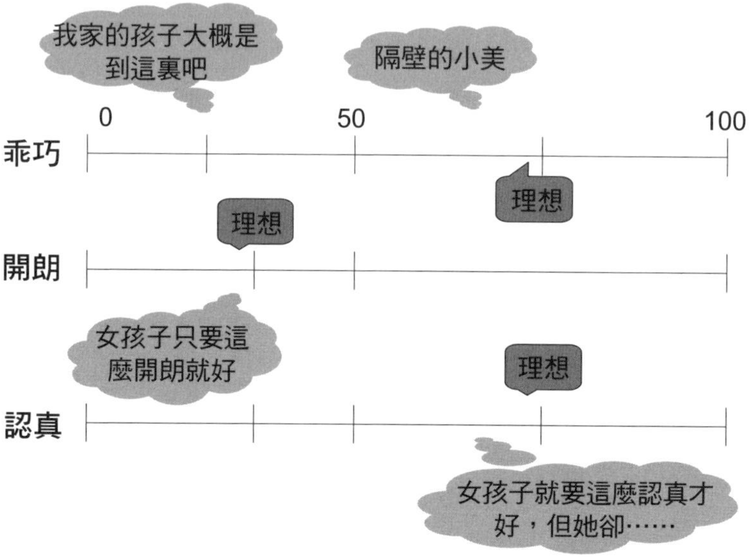

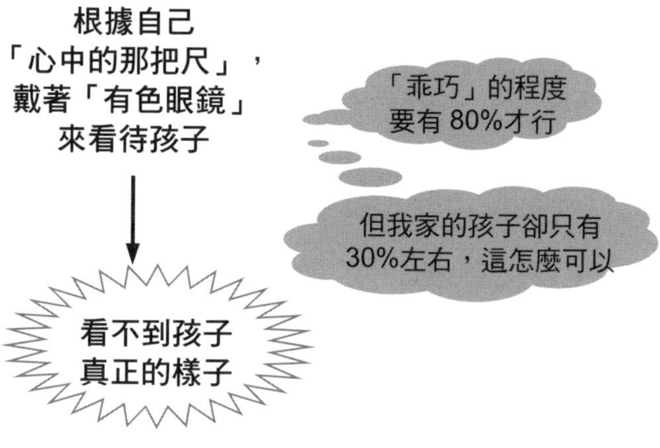

問出孩子的真心話

父母想要擺脫心中的那套標準，**最好的辦法是向孩子本人詢問。**問孩子「你為什麼要這麼做？」不要指責，也不要怒罵。

「剛剛你不肯跟其他小朋友說對不起，媽媽看起來覺得你很不乖，不過，是不是有什麼媽媽不知道的事呢？」

先說出自己所看到的事實和想法，再問問孩子**「對孩子自己來說，是什麼樣的狀況」**。如採訪般，以客觀的角度詢問孩子即可。

孩子說出了心裡話，此時就是建立親子關係的好時機。從父母的觀點來看，有時孩子的話未免會讓人覺得「很奇怪吧。」不過，**孩子願意說出真心話，這樣的親子關係是相當可貴的。**所以父母要以**「我是這麼想的，你呢？」**這種方式來與孩子對話。

養成這樣的對話習慣之後，當孩子發覺父母有疑問時，就會敞開心房「媽媽（爸爸），其實呢……」自然地說出真心話。

何謂「乖巧」？

還有一點是為人父母的我們不能不多加注意的，就是**詞彙的定義**。

比方說，我們在教養上時常聽到的「乖巧」這個詞。

如果將「聽從父母的話」視為乖巧的定義，那麼站在父母的立場上來看，獨立自主而「什麼都想自己試試看」的孩子，就會變成「不乖的孩子」。

也就是說，「默默聽話的孩子就是乖巧」、「不聽話的孩子，會頂嘴的孩子，就是不乖」。

另一方面，「有自己的想法，遇到討厭的事就坦白說『不』」，或者是「就算面對的是父母，對於自己無法接受的意見還是會加以質疑」，如果家長把以上行為視為「乖巧」，那麼孩子的態度就沒有任何問題。

另外，我們還必須考量到孩子的**狀況**。

譬如以「開朗」這項特質來說，站在孩子的立場上來看，「有時候我也會跟朋友吵架，所以不可能每天都很開朗。」

看完這些例子，我希望父母要能注意到，自己是否總是用單一的價值觀來評價孩子呢？

發展孩子的無限可能！絕對規則

抹煞孩子無限可能的父母

孩子天生就具有無限的可能性。

沒有偏見、雜質的閃亮雙眸，可說是全新的狀態。

不過，孩子的價值觀會逐漸被戴著有色眼鏡的父母所影響。一回過神來才發現，不知道從什麼時候開始，孩子的「無限可能性」已經縮小了。

因為戴著有色眼鏡的大人所建立的「**思考習慣**」限制住了孩子。

譬如，當父母說著「那個人全身都是名牌，是有錢人吧！真好啊！」「小美的爸爸是老闆，想必過得很奢侈吧！」並且羨慕地嘆了一口氣。接著又小聲地說「小明的家裏很窮，所以你可別在小明的面前提到錢喔！」於是孩子就會開始認為「**啊，因為社會地位和財富多寡的不同，原來人有階級之分啊。**」

孩子會逐漸接收父母親的想法，如同以下流程所示。

△△的社會地位低，不好
↓
不可以像他那樣
↓
我一定要設法不讓自己變成那樣

○○的社會地位高，很好
↓
應該要成為那樣的人
↓
我要設法讓自己變成那樣

儘管已經為人父母，我們仍抱持著許多偏見和世俗觀念，其中是否存在著許多環境造就的思考窠臼呢？

在二、三十年後，孩子們即將一展長才之際，全球化的程度會比現在更劇烈。到了那個時候，「diversity（多樣性）」這個詞彙就會變得理所當然。生活在未來時代的孩子們，身上若是貼有父母在無意中貼上的負面標籤，孩子本身的可能性就會被抹煞掉。

無偏見的父母，教育出無偏見的孩子

如果父母不分別階級高低，不會亂貼標籤，狀況就會完全不同。

「小美的媽媽總是笑容滿面，和小美一模一樣呢！」

「小明的媽媽做事很有效率，工作似乎非常忙碌，真是活力十足。」

父母沒有偏見，孩子自然會以坦率而無偏見的眼光來看待他人：

「真的耶，小美和她媽媽兩個人都是笑咪咪的。」

「小明的媽媽總是很有效率啊！」

因此，孩子不會依據小明的媽媽做什麼工作，屬於藍領或是白領階級，任職於中小企業或是大公司等等來做判斷，而能夠純粹地觀察「眼前這個人的實際狀況」。

父母（尤其是母親）在生活中所說出的每一句話——看電視時、用餐時、看著另一位母親時，或是看著從眼前開過的車子時「說了些什麼」，對於建立「孩子的思考框架」有著莫大的影響。

你在看著車子時，會想著「啊，是賓士耶」或「哼，是平民車啊」像這樣，以音調來貼標籤嗎？還是會說「嗯，你覺得那台車設計棒不棒呀？」真誠而坦率地給予讚美呢？

你是屬於哪一種類型呢？

讓孩子自己做決定

具有「無限可能性」的狀態，就像是「自由流動的水」一樣。這裡所說的「水」，是指孩子的所有能力、活力、生命。

若一開始就把孩子的「水」，倒入由父母價值觀所建構成的測量標準中，這樣的作法只是一種「限制」而已。

「限制」就是與「無限可能」完全相反的狀態。在孩子才華的嫩芽冒出頭之前，父母已一把將可能性掐斷了。

若不採用這種作法，而是讓水自由地流動，不久，孩子就會自己決定「我要往某個方向前進」，無論是成為足球選手還是醫師，孩子決定了自己的標準之後，持續朝向其中注入水流，增加水量，繼而達成目標。這樣的方式**最能讓孩子發展出可能性**。

重要的是，孩子能夠打從心裡覺得「自己的標準是由自己決定的」，而不是「為了讓爸媽高興」、「因為爸媽說這樣比較好」。

「不是因為媽媽叫我當醫生，是我自己決定的喲！」孩子是否能打從心裡認同自己的決定，會造成很大的差異。

這是為什麼呢？

當我們朝著某個目標認真前進時，有時會遭遇到不順、挫敗，或者是一段艱苦的時期。

此時，**自己做決定的孩子不會逃避**。孩子會認為「沒辦法啊，是我自己的決定，就堅持下去吧！」對自己的決定負責，並且會持續努力到自己覺得「至少要到這裡」的階段。

做了某個選擇，也就意味著放棄其他選項，因此必須有所覺悟。「我喜歡足球，也喜歡網球，不過還是專心踢足球，在足球方面更努力一點吧！」在下定決心的同時，也會感受到放棄足球的失落感。

但在克服抉擇帶來的失落之後，就能夠**態度堅定並且願意「努力到最後」**，「達成目標的可能性」自然會跟著急速攀升。

相反地，如果我們不讓孩子自己做決定，只要一遇到困難，孩子就會推卸責任，「其實我不想，都是因為媽媽這麼說，我才……」很容易就會把事情怪到別人頭上，畢竟他不是自願的。

我之所以能夠這麼肯定，是因為我曾在許多孩子面臨轉捩點時，為他們進行心理諮詢和生涯規劃，也曾為許多父母親提供過諮詢。當然還有我自己本身的經驗。

我自己在高三時面臨了「選擇學業」還是「選擇水上芭蕾」的抉擇。當時母親以淚眼攻勢大力反對我進入職業運動，她說「奧運不是那麼簡單就能參加的，你還是選擇學業吧。」而我自己更是苦惱了許久，才決定要為奧運奪牌的夢想賭上一切。

在決定奧運參賽人選的最後一輪選拔賽時，我罹患中耳炎，由於狀況太過嚴重，醫生告訴我「你再繼續游泳，恐怕會喪失聽力。」當時我的身體狀況不大好，尤其是水上芭蕾不可或缺的平衡感，狀況更是糟糕。

但是當自己想要說出「我不行了」這樣的喪氣話的瞬間，我的腦海中卻浮現了「不，我還是不能放棄」的念頭，決定繼續堅持下去。這是因為，選擇水上芭蕾是「我自己的決定」，不是別人的決定。

無論是年紀多麼小的孩子，都會為「自己決定的事」付出努力。

父母常會「你要這樣做、你不要那樣做」、「你想成為○○是不可能的」，急著為孩子提供建議。長遠來看，當我們給予建議時，如果能完全交由孩子決定，會更容易獲得好結果。

用「不設限」的態度，跳脫追求成功的陷阱

原則上，我們要永遠對孩子抱持著「不設限」的態度，這是很重要的。

「不設限」意味著「不管做什麼都行，照你的方式來做你喜歡的事吧！」這樣的態度。

而並不是「幸福的人生，就是要唸一間好大學，進一間好公司，這樣才算成功。」強迫孩子接受父母的價值觀和社會的世俗觀念。

對於孩子來說，「社會所認為的成功」是否就代表孩子的成功呢？如果把這一點列入考量，我相信你就會明白，我們根本就找不出任何的「標準」。

十年、二十年後，孩子都已長大成人，這個世界會變成怎麼樣呢？那個時代的「成功者」會是什麼樣的人？很有可能與目前截然不同。

無論在哪個時代，能夠「開創出自己的一片天」，這樣的人才會是擁有「幸福」的人。

父母親建構出「標準」，制定規則，「在社會上，這樣的人才算成功」，硬把孩子塞進去，限制孩子的無限可能。這樣的作法，實在是太可惜了。

戴著「有色眼鏡」的父母，容易在無意中傷到孩子

戴著有色眼鏡的父母，有時他們所給的評價，並非是社會或外界眼光的「表面評價」，而是自以為了解孩子的「本質」。

「你真是個不聽話的孩子耶！」

「你為什麼要欺負妹妹呢？」

「你像媽媽腦筋不好，想要成為大學教授，不可能吧！」

「你真的是個問題兒童耶！」

像這樣評論孩子、不自覺地給孩子貼上標籤的父母，隨處可見。

我們常常可以看到，父母當著孩子的面對別人說：「我家的孩子真是糟糕，書讀不好，腦袋也不好。」

也許父母並不是真的那麼想，只是習慣性謙虛而已，不過即使如此，「當眾貶低孩子」卻是事實。

這樣真的很不好。對於親子雙方而言，這麼做一點好處也沒有。

第一，這麼做只會讓孩子白白受到傷害。

在訴說著這些話語的父母身邊，孩子仍然嘻嘻哈哈，好像完全不在意。不過，孩子臉上該有什麼表情呢？難道孩子在被父母公然羞辱時應該高興嗎？還是**有孩子會因為這樣而充滿了自信與活力呢？**

第二，無論父母再怎麼貶低孩子，也**無法改善**孩子的「課業成績」等等。

第三，除了上述問題之外，這麼做還會讓**孩子逐漸產生「自我否定」**的想法，覺得「**自己很糟糕**」，這更是一件沒有意義的事。孩子未來總是不得不面對挫折，父母這樣的行為會讓孩子失去「我做得到」的必要自信。我認為這是**為人父母者絕對不應該有的行為**。

提升孩子意願的心理學

如果真的想讓孩子知道「這不行」，父母就要從根本上改變作法。

當你**在家中與孩子兩人獨處**，可以問孩子「最近你很健忘喔！這一點，媽媽覺得不好，你怎麼想呢？」

此時重要的是要用，「媽媽覺得……」、「媽媽看起來你……」這樣的說話方式，讓孩子知道這只是一個意見。不要用「你這孩子真是糟糕」這類完全否定孩子的說法，而要**清楚且具體地指出「是哪裡不好」**。

無論父母覺得孩子的表現有多差，孩子都有自己的理由（意見）和立場。尊重孩子的意見和立場，就是**培育「八大黃金潛能」的第一步**。

向孩子表明「這只是爸媽的意見」，等於是主動傳達「你也有自己的想法吧，我會尊重」、「你有自己的想法，會去思考，這是件好事」等觀念。

不要弄錯目標。

我們的目標並不是無謂地傷害孩子，也不是讓孩子產生自我否定的想法，而是「幫助孩子做修正」。

如果是這樣，我們就要**和孩子一起認清目標，一起討論：「該怎麼做才能達成目標呢？」**

此時的重點是，讓孩子自己提出意見，並做出決定。

例如問問孩子：「你覺得要怎麼做才不會忘東忘西呢？」即使孩子「嗯……」陷入思考，也不要單方面地下指示：「那你就這麼做吧！」而要等孩子說出答案。

如果父母要表達意見，請這樣問孩子「這麼做如何？」、「媽媽想知道你覺得這個辦法好嗎？」只是提出建議，至於**方法或規則，要完全交給孩子自行決定。**

孩子沒有感到被強迫，覺得「這是我自己決定的」，這是另一個重點，因為**這會大大影響到「自己決定的事會遵守多久」**的意願。

對於自己所決定的規則或目標，孩子自然就會很有意願地（產生動機）「想要達成」。

以自我為中心

如果你曾不經意地在他人面前貶低過自己的孩子，希望你問問自己，那是否為「自我中心的發言」呢？比方說，你是否希望藉由說出那些話，讓自己「被當作是好父母」、「被看作是有認真管教孩子的父母」呢？

「我們可不會溺愛孩子。」

「我們家可是很有家教的。」

「孩子也許造成了你的困擾，不過，那可不是我的責任喲！因為我每天都有好好管教孩子。」

你是不是因為希望對方這麼想，所以就先找好了藉口呢？

還有一種情況是，父母提到「我們家的孩子很糟糕」時，其實有時候早就預料到對方會反駁，態度看起來似乎很謙虛，但其實是在誇耀。

無論是哪一種狀況，都不過是父母的場面話。

改變自己，改變孩子——練習「換句話說」

還有一個必須從根本來考量的問題，是「孩子真的有問題嗎？」

年幼無知、天真爛漫的孩子，卻被批評為「吵吵鬧鬧」、「不穩重」。雖然有「問題兒童」這個詞彙，但只要父母改變看法，問題兒童就不再是問題兒童，問題也不再是問題，甚至還能逐漸看出孩子的優點。像這樣的變化並不少見。

我常在以成年人為對象的「發現自我能力訓練」課程當中，讓學員們進行「改變看法」的練習。

方法相當簡單，只要「將表達方式由負面（否定）改為正面（肯定）」即可。說自己「拙於言辭」的人，我們可以回答「那就表示你善於傾聽呢」。說自己「不太能把一件事從頭到尾做完」的人，則是「你對很多事情感興趣呢」，像這樣來進行換句話說的指導。

熟悉之後，每個人都能自然地將負面思考或過度的完美主義，轉換為建設性思考和正向思考。

我們可以對孩子這樣試試看。譬如：

①我家的孩子總是三分鐘熱度　→　對許多事物都有興趣，充滿好奇

②懦弱　→　體貼

③任性　→　有主見，能付諸行動

④固執　→　能夠堅持，不輕易放棄

⑤常把東西弄壞　→　精力充沛，活潑好動

優點和缺點其實為一體兩面，所以熟悉這種說法之後，就能簡單學會換句話說。

就算父母覺得「啊！怎麼又把房間弄得這麼亂，真邋遢。」也要在心中將想法轉換為「對這個有興趣，對那個也有興趣，所以不知不覺就把房間弄得像狗窩似的。無

論對什麼都感興趣，很有創造力，這些都是這個孩子的優點。」

這麼一來，父母的情緒自然就不再焦躁，也就不會反射性地責罵孩子「怎麼又把房間弄得這麼亂」，而能作出有建設性的反應。

孩子變得沉著，因此反而會比較聽話。父母不再因責罵孩子而有罪惡感，家中氣氛變得明朗而和諧。

作法雖然簡單，但卻能看到明確的效果。

然而，依照孩子年齡層的不同，有時必需適當地介入並給予引導。

如果是前文中③任性的孩子，我們就必須教育他「除了你自己以外，別人也都有自己的意見或想法，尊重他人的意見或想法是很重要的。」

反過來說，如果你在腦海中就把孩子宣判為「任性的孩子」、「問題兒童」並加以責罵，那麼同時就會摧毀了「能夠明確說出自己的意見」，以及「能將心中所想付諸實現」等等孩子的「優點」。

不過遺憾的是，這樣的例子在現實生活中屢見不鮮。

真的是問題兒童嗎？

當我向家長說明「換句話說稱讚法」時，有些家長會說「不會啊，我常稱讚孩子呢！」

「雖然動作粗魯，常把東西弄壞，但是很喜歡看書，這一點很了不起。」不過仔細聽一下就會發現，這些家長所說的是「那一點有問題」、「這一點則是很好」，討論的是完全不相干的事。

我的作法不是這樣，而是以完全相反的觀點來重新審視父母眼中「有問題的地方」。**重要的是，要轉換為「反過來想，這也是優點化呢！」**

讓我們再試一次。

例如：「孩子動作粗魯，常把東西弄壞。」

←

「活潑好動，雖然才三歲，卻是頭好壯壯（＝優點），所以孩子有時會不小心把東西弄壞。」

「精力充沛，什麼都想要試試看（＝優點），所以孩子靜不下來，才會常在理化實驗或工藝課時把東西撞壞。」

如何發掘孩子的才華與天賦

前文已說明過該注意哪些重點，才不會侷限了孩子的可能性。

每當我談到這個話題時，一定會被問到的問題是「該怎麼做才能發掘孩子的才華」。

這一點其實我也不知道。

世界上沒有一個方法可以適用在所有人身上，因此父母唯一能做的，就是讓孩子**實際去試試看**。如果對棒球有興趣，就讓他去打棒球，運動是如此，唸書、跳舞也是如此。

除此之外，可以針對「**孩子在外面的評價**」來蒐集資訊，向老師或教練等指導人員詢問「孩子表現如何？」、「（以外人的眼光看來）覺得他是個什麼樣的孩子呢？」

這麼一來，就能夠逐漸掌握孩子的狀況。

「這個孩子的古典芭蕾和嘻哈都很拿手呢！而且還喜歡音樂，音感很好，教芭蕾的老師也這麼說。」

「這個孩子會運動、讀書，不管什麼都做得很好，只不過並非是某個項目特別突出的類型。」

「這個孩子只適合田徑項目，其他的尚可。」

所謂的天賦，必須看孩子自己是否有「**想做**」的意願，以及老師等指導人員的**客觀評估**——認為孩子是否「**可以做得到**」。

父母都會傾向於將自己的理想加諸於孩子身上，希望孩子「學藝精進」，讓孩子去做父母所喜歡、擅長的事，或是「自己曾經想做卻沒做的事」。學生時期曾經當過棒球選手的人，往往也會想讓兒子去打棒球。

不過，觀察過孩子的狀況之後，例如發現孩子在彈鋼琴時比在打棒球時來得快樂，就必須冷靜地判斷「這個孩子也許更適合往音樂發展」。

如果所選擇的不符合孩子的天賦能力，請與孩子共同討論「是否還要繼續」。

前文中提過，只是依照父母或社會的價值觀，就單方面替孩子決定「要做什麼」，會讓孩子的可能性因此受限，我們必須避免這樣的狀況。

蒐集與孩子有關的資訊

重要的是，包含孩子的天賦，我們對於「自己其實對孩子並沒有那麼了解」這個事實，要有自知之明。

不過，許多父母都堅信「一定是這樣沒錯」。因為是自己的孩子，父母親認為

「自己最了解孩子」是理所當然，但是……

「這個孩子一定是這樣！我是媽媽（爸爸），所以很了解。」

「他棒球一定會打得很好，因為我就是這樣。」

這些想法都是在替孩子貼標籤。

我們不要這麼做，而是要**蒐集客觀的資訊**。

譬如當孩子在棒球隊未能擔任先發球員時，可以問教練「為什麼？」

有些人認為「跟教練問這種事，會被認為是怪獸家長，我才不要呢！」不過這要視問話方式而定。

並不是要質疑「為什麼我家的孩子當不了先發呢？」而是要客氣地詢問「不好意思，教練您看我家的孩子是個什麼樣的選手呢？他擅長什麼？又是在哪一方面有所不足呢？」這樣就能問到**重要的資訊**。

「**從外人眼中看來，我家的孩子是一個什麼樣的孩子呢？**」這種詢問方式能讓父母更了解孩子，從中發掘以往沒有注意到的天賦。

只要孩子走出家門，無論喜歡與否，都會處於他人的「評價」當中。

所以至少身為父母的我們，要以無偏見的態度來看待孩子，接納孩子的本來面貌。

第2章

改變孩子，只要三秒鐘！
語言的神奇魔力——
善用「自我對話」技巧

語言的神奇魔力——一起來學習「自我對話」技巧吧

何謂「自我對話」？

第二個孩子出生之後，我開始將因應技巧應用在育兒上，於是育兒變得越來越輕鬆。

這並不是說導致壓力產生的「刺激」都沒有了。

「啊，又該換尿布了，真麻煩！」

「啊，又打翻杯子，弄得到處都溼答答的。」

「出生才幾個月的孩子，晚上11點才入睡，應該可以一覺到天亮，為什麼偏偏要在半夜兩點醒過來呢？」

我當時曾有過這些想法。

不過，每當這些話語從自己的口中蹦出時，我就會逐一檢視**「自己對於事件的評價」，執行因應技巧**。

「為什麼孩子在半夜醒來，我就要心煩呢？」

「是因為我自己是屬於『孩子應該要安穩地一覺到天亮』這種『應該型思考』和『完美型思考』的關係」。

於是我告訴自己：「睡覺和起床的時間本來就會因人、因時而異。就像我自己，雖然是個大人了，但有時還不是會在半夜醒來。」

這就是**自我對話**。

進行自我對話所需的時間大約是3秒，只要藉由簡單的心理技巧，就能將平時在腦海中無意識重複的話語（＝自我對話），有意識地轉換為正向信念，人們的思考方式或行為，就會出現讓人驚奇的改變。

如此推演下去，接下來就會想到「是啊，女兒沒有錯，我也沒有哪裡不好啊！而且又不是女兒的健康狀況出了問題。」「沒有什麼事情需要擔心或著急啊。」於是我漸漸不再煩惱。

也就是說，雖然有時候還是會一下子就生氣，甚至還會把氣出在另一半身上，但往往當場就能化解掉，不會讓怒氣一直累積，也不再有一直承受著壓力而悶悶不樂的狀況。

因為怒氣一直持續下去，就會產生新的壓力。

如果後續再發生什麼狀況，會更容易爆發並累積更多壓力，陷入惡性循環。

了解原因、知道對策

老二出生後，除了要照顧兩個孩子，我還開了自己的公司，所以忙碌程度完全不是生第一胎時可以相比的。

不過，由於育兒壓力大幅減少，我的承受能力相對大幅提升。儘管生活變得更加忙碌，但是心理上的疲憊感卻減少了。

那是因為我了解壓力產生的原因，也知道該如何採取對策。

「原來我又被『應該型思考』影響了。」

「有時候孩子本來就會有這種狀況啊。」

「並不是非要那樣不可。」

「就算孩子現在還無法擺脫尿布，也總有一天可以的嘛。」

像這樣進行正面積極的自我對話，就能大幅減少壓力。

本書第101頁中的診斷測驗，可以協助讀者了解自己的思考模式，以及運用何種自我對話方式最有效果。

請務必測驗看看。

將無限的「負面循環」轉變為「正面循環」！

有時候我們會因為婆婆、朋友、自己的父母，或者另一半的一句話，頓時覺得壓力很大。

一位K小姐曾經因為單身的同事說了一句：「你家的孩子常感冒耶！是不是身體不好？」因此產生「奇怪，這干你什麼事啊？」這個想法而火冒三丈。

不過，因為K小姐學過因應技巧，她在思考過後覺得，並非是「朋友的一句話」這個刺激，而是在「自己如何看待那位朋友」的評價部分，讓她出現了「生氣」的壓力反應。

因此，她覺察到自己有著「不知情的人不應該對我說三道四」的「應該型思考」，所以才會出現生氣反應，認為：「沒有生養過孩子的人居然還敢說我，真令人火大。」

也就是說，與其說是那個朋友不好，倒不如說無論對方是誰，只要自己還抱持著「應該型思考」，就會繼續出現「一旦被沒有育兒經驗的人說了些什麼，就會生氣」這樣的反應。

因此，K小姐在腦海中讓自己分飾兩角「A」和「B」，進行自問自答。這就是一種自我對話。

A「為什麼對方要對我說這種話呢？」

B「依她的個性看來，並不是故意要諷刺人，只是想到了什麼就說什麼吧！」

A「**站在對方的立場上來看**，你會怎麼想呢？」

B「如果我因為孩子的事請假，她的工作量就會變多，這是事實。對了，就是這樣！也就是說，她或許是覺得『真麻煩，又感冒了！』這是有可能的。」

A「你究竟**為什麼會生她的氣**呢？」

B「因為自己抱持著『應該型思考』，不想被她批評罷了。」

A「原來是不想被批評啊。但是，如果你把怒氣宣洩出來，脫口而出『你又沒有生養過孩子，不要以為自己很懂』**那麼會怎麼樣呢？**」

B「會傷她的心，而這並不是我想要的。」

A「說出這樣的話，**對誰會有好處嗎？**孩子會因此而更健康嗎？」

B「是啊，不管是我還是她，都不會高興。」

A「那麼來彙整一下事實吧。

我家的孩子也許體弱多病，也許並非如此。這是事實一。
這個月我因為孩子感冒而請了三次假，這是事實二。
然後同事說了那番話，這是事實三。
不過，我也不能因此直接把自己的感覺說出來，這是事實四。
而且，我造成了同事的麻煩，這也是事實。
那麼，接下來要怎麼做呢？」

到了這個階段，K小姐得出的結論是「向同事道歉」。雖說是道歉，但也不是卑躬屈膝地向對方讓步。

她以「孩子是否體弱多病我是不知道」這個「事實」為前提，並對造成同事的麻煩這個事實，發了一封E-mail，內容為「光是這個月，孩子就感冒了三次，真對不起啊！」

後來同事的回覆是：「啊？沒關係呀！因為是孩子，沒辦法嘛。」

不要馬上回應

接下來我們要來複習「心理運作機制」。

如果沒有覺察自己心中「爆發怒氣」的情緒反應，你會怎麼樣呢？

你可能被情緒所左右，在盛怒之下衝動地喊出「你怎麼能這麼說」，甚至演變成和別人吵架，互相傷害的局面，使得問題更加嚴重。

一個壓力產生另一個壓力，使壓力變更大。

就算你忍著不把抱怨說出口，但若未能覺察真正造成壓力的原因，是自己的「應該型思考」，又會怎麼樣呢？

怒氣就原封不動留了下來，於是壓力逐漸累積。

執行因應技巧，就能避免這種狀況發生。

不會和別人爭吵，不會讓狀況更嚴重或是停滯不前，也不會產生新的壓力。

這就是因應技巧的好處。

因應技巧究竟可以讓我們的人生變得多麼輕鬆，對於教養孩子多麼有幫助，只要是嘗試過的人都能實際感受到。

因此，在盛怒之下，不要馬上回應。

在怒氣爆發的那一瞬間，無論誰都無法理性思考。

所以我們要先做個深呼吸，在一段時間過後，再做回應。

比方說，看到友人在E-mail中所寫的文字而感到不滿時，不要馬上回信。先在腦海中分成A、B兩方，開始執行因應技巧。

如果是當面被說了些什麼，我們可以向對方說「這樣啊。讓我想一下，等一下再說好嗎？」或者是以「咦？是這樣嗎？」先簡單帶過並轉移話題，等到思緒整理好之後，再跟對方說「不好意思啊，剛剛你說……」回到原來的話題。

因應技巧的流程和優點

壓力因應技巧

不會運用的人

未能察覺自己的感受
↓
情緒化地回應
↓
讓狀況更加嚴重

學會運用的人

①能察覺並認同自己的感受
↓
②察覺自己的思想過濾器（評價）為「〇〇」型思考
↓ 將過濾器移除
③觀察實際狀況並加以彙整，決定「該如何回應」
「為什麼會這樣呢？」
「對方其實是怎麼想的？」
「我可以做什麼？」
↓
④能夠正向、積極地回應

因應技巧的重點是

不要馬上加以反駁，先彙整過後再回應

因應技巧的好處是

不會讓狀況更嚴重／不會產生其他壓力

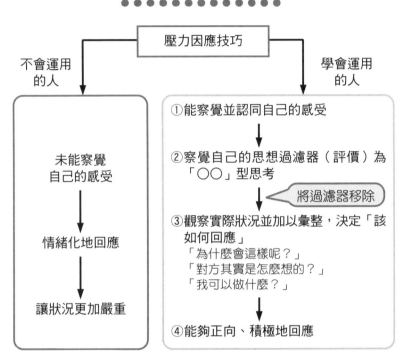

不要忍耐

「不要把自己感受到的怒氣傳達給對方」、「向對方道歉」，曾經有人針對這些話問我：「那就是說要忍耐囉？」

並非如此。我所說的**並不是忍耐，而是在彙整「發生了什麼事」等「事實」過後，再針對事實來處理。**

我們不要故意忍耐，因為壓抑或是否定自己等負面情感，會帶給我們的心不好的影響。

至此我們已大致具備了自我對話的基本概念，接下來要找出自己的類型，採取適合自己的策略吧。

你是什麼類型的父母？了解自己的「思考窠臼」

了解自己的類型！壓力模式診斷

下面我們就來填寫「壓力模式診斷測驗」，以了解自己的「思考窠臼（評價）」屬於何種類型。

請閱讀101～102頁的表格內容，並在符合的答案畫圈。

閱讀題目時，請依照自己的日常作息以具體想像「如果是我會怎麼做」。

例如「預定事項的進展不如預期時，常會情緒焦躁」這一題，將此情況與你的現實生活作連結，「我想在十二點前完成工作，然後去接小孩。卻因為接了通電話，打亂了行程，眼看就要來不及了！」就能有生動的想像，接著思考自己當下的感受：「在這種時候，我會焦慮嗎？不，不會吧。會沮喪嗎？的確是會沮喪呢！」像這樣考慮過後再作答。

看到「不希望在孩子的教育上失敗」這一題，想一下「我家女兒的國中入學考試如果沒考好，該怎麼辦呢？」可將孩子的名字置入更有助於聯想。

請慢慢思考，多花點時間完成。

這項測驗的答案沒有正確或錯誤之分，「當媽媽的人就該如此」或是「非得這樣回答不可」等想法，請先暫放一邊。

另外，**得分高不一定就是好，得分低也不見得就不好**。

本項測驗的目的是在於了解自己的「思考窠臼」，也就是了解你的「特點」。我們的特點，可以是優點，但是太過分就會成為缺點。無論什麼特點，本身並無好壞之分。

不要欺騙自己，**請誠實作答**。

了解自己的類型！壓力模式診斷表（適用於父母）

題號	題目	完全不符合	不太符合	有點符合	完全符合
1	預定事項的進展不如預期時，常會情緒焦躁	0	1	2	3
2	不希望在孩子的教育上失敗，有過度謹慎的傾向	0	1	2	3
3	一旦先生（太太）或是公婆等人說了些什麼，就會火冒三丈	0	1	2	3
4	遭遇挫折就會消沉沮喪很久	0	1	2	3
5	總是小心翼翼，扮演著好媽媽（爸爸）、好太太（先生）的角色	0	1	2	3
6	對於自己是否是個好媽媽（爸爸）這件事，覺得沒有自信	0	1	2	3
7	對於家庭或夫妻生活有所不滿	0	1	2	3
8	常會因為身邊的人不了解自己的想法而感到煩躁	0	1	2	3
9	只要稍微被忽略，就會生氣	0	1	2	3
10	遭遇挫折時，往往會後悔「當時如果有那麼做就好了」	0	1	2	3
11	與人相處總是處處小心謹慎	0	1	2	3
12	對於日常家務、育兒生活感受不到任何樂趣	0	1	2	3
13	討厭在商店或銀行排隊等候，覺得很煩躁	0	1	2	3
14	對於旁人不經意的話語過度敏感，會因此生氣	0	1	2	3
15	對於公婆或其他人所給的建議會一直耿耿於懷	0	1	2	3

題號	題目	完全不符合	不太符合	有點符合	完全符合
16	對育兒或日常家庭生活，都期望能達到完美	0	1	2	3
17	容易因為害怕失敗而變得消極	0	1	2	3
18	對於未來隱約感覺不安	0	1	2	3
19	個性急躁，無法平穩地與他人談話	0	1	2	3
20	個性膽怯，什麼都要擔心	0	1	2	3
21	自己的意見一旦被人反駁，就會開始討厭對方	0	1	2	3
22	孩子若是吃了點苦頭，就會強烈感受到為人父母的責任而自責不已	0	1	2	3
23	無論對象是誰，都會小心翼翼	0	1	2	3
24	常拿自己與其他家長做比較，而陷入沮喪	0	1	2	3
25	常覺得自己不擅長家務或育兒，而心情沉重	0	1	2	3
26	看到別人動作慢吞吞，就會感到非常煩躁	0	1	2	3
27	一旦被人指出缺點，就會覺得不愉快	0	1	2	3
28	回想起往事，有時會沈浸在後悔中而無法入睡	0	1	2	3
29	對孩子的教育非常勤奮	0	1	2	3
30	覺得自己的生活不充實	0	1	2	3

填寫「得分統計表」

所有的題目都畫好圈之後，請把答案謄寫到下一頁的「得分統計表」。「得分統計表」題號的排列方式與「診斷測驗」不同，請小心填寫。首先將答案謄寫至105頁的「❶答案欄」，再看著答案欄填寫「❷得分欄」，這麼一來就不容易弄錯。

最後將各個欄位內的分數加總，並在**總分最高的兩個欄位畫上記號**。

掌握自己的類型，就可以知道教養孩子的注意事項，自己容易掉入什麼陷阱當中，或者是有哪些優點等等。確認了之後，再來進行**因應技巧的14天計畫**（參見135頁）。

請閱讀自己得分最高的兩個類型，來看看各個類型的詳細介紹吧！

題號	得分（謄寫用）	得分加總	得分排行榜	類型名稱
4				
10				
15		分	第　順位	憂心忡忡型
22				
28				
7				
12				
18		分	第　順位	悶悶不樂型
25				
30				
5				
11				
16		分	第　順位	精疲力盡型
23				
29				
3				
9				
14		分	第　順位	火山爆發型
21				
29				

得分統計表

⑴請將每一題的得分謄寫至❶答案欄。請注意不要填寫錯誤。
⑵將❶的數字填入❷「得分（謄寫用）」的欄位中。
⑶將各個欄位內（每五題）的得分加總，並填入「得分加總」欄位中。
⑷將總分最高的欄位標註為1，為各個欄位標註順序。

❶答案欄

1： 2： 3： 4： 5： 6： 7： 8： 9： 10：

11： 12： 13： 14： 15： 16： 17： 18： 19： 20：

21： 22： 23： 24： 25： 26： 27： 28： 29： 30：

❷得分（謄寫用）

題號	得分（謄寫用）	得分加總	得分排行榜	類型名稱
1		分	第　順位	焦躁不安型
8				
13				
19				
26				
2		分	第　順位	戰戰兢兢型
6				
17				
20				
24				

●焦躁不安型（過度自信型）

◆是什麼樣的類型？

這個類型的人個性急躁，活力充沛，有主見，富有正義感，且具備口才。缺點則是，任何事情都傾向於認為「自己是對的」。具有強烈的自尊心，而且很有自信。

試著想像自己正在超市排隊等候結帳，不過，隊伍卻慢吞吞地不往前移動。你非常著急。

「我得趕在幼稚園交通車把孩子載回來之前回到家，這樣就來不及了呀！哇，孩子的尿布有味道，應該是大便了吧。糟糕，他好像快哭了，真想趕快幫他換尿布！」

看了一下發現，店員胸前別著「新進人員」的名牌。原來是這樣，難怪動作那麼慢。

再看一下又發現，旁邊那一排的女店員動作相當熟練，所以前進速度很快。

此時，焦躁不安型的人可能會這麼想：

「真是的，我在趕時間耶！中午人這麼多的時候，怎麼會派一個菜鳥來啊，到底是怎麼想的。再說，只有兩個結帳櫃檯也未免太少了吧。」

這些想法的背後，是認為「應該要這樣」的「應該型思考」。也就是：

「我應該要能順利往前移動。」

「超市方面應該要想想辦法，像是中午時間要有三個結帳櫃檯才對。」

「每一排等候結帳隊伍的前進速度應該要一樣。」

這些想法無論哪一個都沒錯。

不過，當焦躁不安型的人處於這種「不如自己預期的狀況」時，就會覺得「都是**因為你，我才會遇到這種事！」**而感受到很大的壓力。

另一方面，也有怪罪自己而非怪罪對方的類型。

「早知道我**應該**要去右邊那一排，怎麼跑來左邊呢。都沒移動嘛，我真是個笨蛋，居然排錯地方！」

開始不斷地責備自己，並且陷入沮喪當中。

這個類型的思考模式是「**自己應該是這樣**」以及「**應該要這樣，但怎麼就是做不到**」。

◆優缺點

「焦躁不安型」是個人特點，本身原來並沒有什麼不好，可以是優點，也可成為缺點。無論什麼事情，都只要不過度就好。

即使個性急躁，只要以「很快就付諸行動」的形式表現出來，就是優點；以「突然發怒並把氣出在別人身上」的形式表現出來，就是缺點。

舉例來說，焦躁不安型的優點是很有主見和想法，也具有口才。心中有著「為人母親就該如此」的理想圖，希望自己能夠符合，屬於拚命三郎型的人物。

另一方面，常會斬釘截鐵地斷定說「那很奇怪吧！」並強迫別人接受自己認為正確的想法。對孩子也常會採取「別因為那麼點小事就膽怯！」「你要更努力一點！」等嚴厲態度。

要多加注意這種容易變得吹毛求疵的傾向，特別是在教養孩子上。

與其強迫孩子「你要這樣做、你要那樣做」，倒不如問問孩子「你想怎麼做呢？」尊重孩子的意願，這樣的態度是很重要的。

◆焦躁不安型的「心理使用說明書」

會因為這些事而感到壓力

如果事情的進展不如自己預期，就會容易生氣、焦慮，或者開始沉不住氣。

●旁人的行動不如自己所料

說得誇張一點，其實焦躁不安型的人過度自信，覺得對方理所當然要配合這個「正確且優秀的自己」。

另外，焦躁不安型的人會這樣思考：「一般來說，這個時候就該這樣」、「平常是不會這麼做的吧」等等，將「應該型思考」套用在別人身上。對方若不按照自己的想法做，就會讓焦躁不安型的人覺得有壓力。

對於孩子，也常會採取強迫的態度，使孩子接受自己所訂的規則，像是「你應該要安靜地聽別人說話」、「你應該要聽父母的話」等等。

●不被他人理解

基本上這個類型的人認為「我說的一定是對的」，所以一旦不被身邊的人理解，或是對方不聽話時，就會火冒三丈，認為：「為什麼你就是不懂呢!?」

●不能做自己想做的事

●事情的進展不如自己預期

若現實狀況與自己的理想狀態有所不同，就會覺得有壓力。比方說，孩子換了補習班之後，成績卻未如預期般進步。或者是工作進展不如預期，事態發展不如預期等等。

評價（對於事物的看法）傾向

具有強烈的「應該型思考」傾向。

無論是對人還是對事，這個類型的人都會擅自決定「非得這樣不可」、「應該要這麼做」，所以有時會忽略了對方的感受或是狀況。

●戰戰兢兢型（喪失自信型）

◆是什麼樣的類型？

「為什麼我就是不行呢？」、「反正像我這種人……」戰戰兢兢的人常會這樣貶低自己。

對自己沒自信，一旦發生什麼事，就怪到自己頭上。對於別人所說的話感到戰戰兢兢，無論什麼事都傾向以悲觀、負面的角度來理解。

以排隊等候結帳的例子來說，當這個類型的人看到自己這一排完全動不了，隔壁排的卻是很快就往前移動，就會深深陷入沮喪。

「我總是在『選擇右邊還是左邊』的時候選錯了邊，我真是糟糕啊！」

「說起來，我從以前就沒有排隊的運氣啊！」

相較於焦躁不安型的「沸騰狀態」，戰戰兢兢型可說是自己不斷地將自信之水倒出：「唉，我這個人真是糟糕啊……」直到成為「空燒狀態」。

戰戰兢兢型的人之所以會累積壓力，是因為他們對自己的能力和存在價值沒有自信，也就是所謂的自我形象低落。

◆優缺點

個性體貼，可配合他人，相當合群。

不會指責別人，或者是勉強他人接受自己的想法，也不會找藉口敷衍，任性妄為。

不過該注意的是，戰戰兢兢型的人無法獨立自主、傾向於依賴他人，因此容易被旁人的態度或言行所影響。

戰戰兢兢型的人在教養孩子上的優點是，對孩子採取柔性策略，很自然地就會徵詢孩子的意見。

不過，如果太過順從別人的想法，就容易被孩子牽著鼻子走，或是被親朋好友所牽制，因而否定孩子的意見。可能會出現這些問題。

順帶一提，對於戰戰兢兢型的人來說，焦躁不安型的人有些難纏，因此難以與他們相處融洽。比方說，在友人當中，有一位處於領導地位的焦躁不安型，如果感覺自己被這個人牽制住，有時候就算不明說，還是會下意識跟對方保持點距離。

◆戰戰兢兢型的「心理使用說明書」

會因為這些事而感到壓力

●會讓人喪失自信的事情

當做錯了什麼或是拿不出成果時，就會因為自己的能力不足而陷入沮喪。

譬如說，幼稚園老師告訴你：「今天您的孩子打了其他的小朋友呢！」你就會沮喪不已，開始想著「我真是教子無方啊！」、「再這樣下去，孩子就會像我一樣成事不足敗事有餘，怎麼辦才好呢？」彷彿所有問題都是自己一手造成的。

●與他人往來時

非常擔心自己會被他人責罵，所以小心翼翼，總是緊張不安。友人、丈夫，或者公司的同事、主管一旦說了些什麼，就會「過度解讀」這件事，而深深地陷入沮喪當中。甚至還會否定自己，覺得「我這個人真沒用」。

●遇到困難時

擔心著「是不是會失敗」、「我一定沒辦法」，所以只要遇到一點小事就緊張不已，以至於連原本的實力都無法發揮。

●被他人評斷時

「不想被討厭」、「不想被否定」的想法太過強烈，所以非常在意旁人的視線（評價）。

「如果又犯了同樣的錯，該如何是好？這樣別人會覺得我很沒用。」

「我沒自信可以和這些人當朋友，我一定又會受到傷害。」

「被罵真是丟臉，如果明天又被罵，該怎麼辦呢？」

就這樣自己給自己壓力，因此會更緊張。

一想到自己被他人忽略或者輕視，就非常地不安。

評價（對於事物的看法）傾向

具有強烈的「過度評價」和「反正型思考」的傾向。

戰戰兢兢類型的人把事情看得比實際狀況還嚴重，所以會消沉沮喪、緊張不安，有上台恐懼症，也很容易陷入被害妄想當中。

●憂心忡忡型（悔不當初型）

◆是什麼樣的類型？

憂心忡忡型容易對於過去的事一直懊悔不已，承受著壓力，比如說曾經犯過錯、有過不好的經驗，或者是遭遇挫敗等等。

說得好聽一點是「能夠從過去的經驗中學習」，然而，這個類型的人卻總是埋首於煩惱中，彷彿認為煩惱是件有益處的事，這是這個類型的缺點。

我常會在研習活動中告訴學員，遭遇挫敗可以反省個三天。不管是在工作方面、戀愛方面，或者是教養孩子方面，每個人都懊惱過「怎麼會做出那種事」、「如果我當時有發現就好了」。

不過，對於已經發生的事，再怎麼煩惱也無濟於事，所以希望你能在三天過後，**將想法轉換為：「再煩惱下去會有什麼好處嗎？」並且走出煩惱。**

另外，憂心忡忡型的人會「如果當時我有做〇〇的話，就能避免……」傾向於將**事情攬在自己身上，會自我責備**。

比方說，聽到孩子在學校被欺負，就會懊悔著：「如果我以前有認真教育他，就不會這樣。」或「當初不該選這間學校的啊。」

◆優缺點

憂心忡忡型的人願意從過去的經驗中學習，勇於認錯並反省，比起總是逃避、無法面對事情，或是無法深入思考的人，這個類型的人也算是有所進步。

若能將「失敗為成功之母」的態度傳達給孩子，其實是件好事。前提是我們自己必須積極往前，不能一直沉浸在後悔和懊惱當中。

◆憂心忡忡型的「心理使用說明書」

會因為這些事而感到壓力

活在過去的陰影當中，彷彿「只要煩惱就能解決問題」，不去行動，只會不停地懊悔，始終拘泥於某事而無法開朗起來。

●過去的挫敗或錯誤

不僅懊悔，還會非常自責，害怕著：「如果又發生同樣的狀況，我會不會又重蹈覆轍？」

譬如說，在學生時期曾經被同學排擠，而害怕過去不好的經驗或挫敗延續到現在，擔心自己「會不會也沒辦法和其它家長好好相處」，無法擺脫過去的陰影。告訴自己：「過去的事已經結束，沒辦法改變！」切割過去，並轉換想法吧。

●失去重要的東西

弄丟家裡的鑰匙、忘記向學校提交重要的報告，或遺失錢包等狀況，對於一般人就會造成壓力，而對於憂心忡忡型的人來說則更嚴重，有時甚至會連「那現在該怎麼辦」都無法思考，陷入自暴自棄的狀態中。

另外，憂心忡忡型的人會有這類的想法，像是「那份失戀的傷痛，我一輩子都不會忘記」、「我在結婚前那麼受異性歡迎，現在卻……」等等，對於失去的東西非常眷戀，這樣只會**對現在的生活帶來負面的影響**，請多加注意。

評價（對於事物的看法）傾向

有「非現實思考」**的傾向，會拘泥於已經結束的過去並懊悔不已**，把過去的事「怪到自己頭上」、幻想「要是我有○○的話，也許就能避免……」把所有事情都和自己扯上關係，近乎自虐地想要「**一肩攬下**」全部的責任。

悶悶不樂型（杞人憂天型）

◆是什麼樣的類型？

「如果〇〇發生了，該怎麼辦？」、「今後會如何呢？能安然度過嗎？」悶悶不樂型對於未來感到非常不安，因此老想著「再這樣下去好嗎」，總是隱隱約約感覺到有什麼不足。

感到不安這件事本身並沒有什麼不好。正是因為考慮到將來，想要充份做好準備，才會去思考「今後要怎麼辦」、「怎麼做才好呢」，所以感到不安。

比方說，想到「如果發生什麼災難……」而準備了防災包，並將防災包放置於玄關——到這裏是還好，不過悶悶不樂型的問題，是在於把防災包擺好的那一瞬間，就會開始煩惱「明天如果真的發生了什麼，該怎麼辦？」

再比如找到工作的時候，這明明是件好事，但悶悶不樂型卻老想著：「我能不能一直待下去呢？會不會被裁員？」一直充滿不安。

一味地擔心未來並沒有意義，只是徒增壓力而已。

我們該去思考的是「為了在這家公司待到30歲，現在該怎麼做呢？」**重要的是，把注意力放在「現在這裡」，而非未來。**

如果是家庭主婦，在孩子滿十歲前，多少會因忙於照顧而無暇多想。然而，常會有人在孩子升上國中這個**「大目標」達成之後，就突然對未來感到了不安。**

如果孩子就讀的是完全中學，或者是能直升至大學的學校，在感覺到「目標達成」而鬆了一口氣之後，有些人就會想到「我的人生，接下來會怎麼樣呢？我是誰？是個什麼樣的人？我有什麼想做的事呢？」頓時感到前途一片黑暗，陷入沮喪。

◆優缺點

思考著「我是誰？」而陷入困惑中的時候，其實只要將想法轉換為「好！從今天開始就來思考一下『我是誰』吧！」只要立刻採取行動就能夠脫困而出。

想要好好地思考將來的事——這是個優點，所以就改以正向積極的態度來煩惱吧！

不安於現況且會去追尋理想，這一點，也是悶悶不樂型的優點。

不過，要注意的是，如果做過了頭，「不是在這裡，而是在某處應該會有更好的……」，想法容易轉變為逃避性的、不切實際的思考方式。

比如說：「那間補習班看起來，比起現在這間更好啊！」、「如果進了別家公司，也許會更加充實。」因為這些想法而搖擺不定，或者認為「○○的家真好」，因為隔壁的草坪比較綠而嘆氣。

悶悶不樂型在教養孩子上的優點，是能夠事先就做好準備。不要過份悲觀，再加上「**未來可以靠自己改變**」的正向思考，就可以善加利用自己的優點。

◆悶悶不樂型的「心理使用說明書」

會因為這些事而感到壓力

●對未來隱約感覺不安，對現況則感覺格格不入

並不是實際發生了什麼問題，只是隱約有著「再這樣下去好嗎」、「我的人生這樣就可以了嗎」等不安。

不知為何總是覺得不滿足，所以沒辦法把「現在」過得充實。

●沒有目標的狀態

無論目標有多小，只要感覺到「我是朝向某個目標過生活」就會覺得充實。但由於悶悶不樂型的人卻往往沒有目標，所以才會感到苦惱。

評價（對於事物的看法）傾向

具備強烈的「青鳥型思考」傾向。

這個類型的人認為「並非在此處，而是在某地／某日」會出現理想狀況，所以無法專注於眼前的現實。

●精疲力盡型（完美主義型）

◆是什麼樣的類型？

積極向上，總是要求完美。

一流的運動選手或教練，靠著自己的技能、知識來一決勝負的專業人士或技術人員，大多屬於此種類型。

熱心學習、認真，而且非常努力，是拚命三郎型的人物。

問題是在於太過努力而弄得自己精疲力盡。「我為什麼連這點事都做不好？」、「不這麼做不行吧！」極為苛求完美，所以容易陷入沮喪當中。

這個類型的人認定自己得永遠表現優良。

不過，若是做過了頭，反而會展現不出原本的實力。雖然拚命努力的精疲力盡型是「就算弄到胃穿孔、身心俱疲，也還是要繼續打拚」，但如果真的弄到這種地步，就不能再打拚了。

珍惜自己的家人、孩子以及工作，是件好事。但若因此讓自己吃盡苦頭，就要思考如何平衡一下了。也該好好照顧自己，以保持身心健康。

◆優缺點

不管做什麼都很認真努力，所以非常可靠。無法拒絕別人的請求，希望自己能幫上忙。

在育兒及孩子的教育上毫不懈怠。總是把自己的事情先擺一邊，為了孩子盡心盡力。

這些當然都是很好的長處。不過，重要的是不要太過拚命。

下面就先列出一些重要事項，這些話或許有些嚴厲。

有些人會「為了某人好」或是「別人希望我這麼做」，而自我犧牲去做某事，最後卻弄得不愉快。然而，在犧牲背面的心態卻是「我為你做了這麼多，你怎麼可以……」因為沒得到預期中的回報而生氣。這樣的人其實並不是為了他人著想，而是為了保護自己。**無論是否身為父母，真的為人著想的話，就要在「做自己」和「過自己的人生」這兩件事上負起責任。**

另外，因為考慮到他人而隱藏自己真正的願望，或者是勉強自己去過不喜歡的生活，藉著自我犧牲來「讓自己有自信」，這樣的精疲力盡型是個麻煩人物。

◆精疲力盡型的「心理使用說明書」

會因為這些事而感到壓力

長時間處於精神緊繃的狀態，會呈現精疲力盡的樣子，無法積極地思考或是採取行動。

●強烈感受到他人期望時

旁人的期望轉變為壓力，於是把自己逼進死胡同。由於「非做不可」的念頭太過強烈，勉強自己拚命去做而精疲力盡。

● 小心翼翼對待他人時

在必須處處費心的人際關係中，「一直處於緊張狀態」這件事本身就會成為壓力。

● 虛張聲勢時

想著「一定要展現出比平常更好的一面」。精疲力盡型的特徵是，無論在什麼狀況下都會「因為沒能掌握實際狀況而過度緊張」。

● 必須小心謹慎時

在孩子的考試之前，或是家長一同參加的入學面試，越是想著「絕對不能失敗」，越會因為過於賣力而導致失敗。

評價（對於事物的看法）傾向

具備強烈的「完美型思考」傾向。

好。

想要迎合他人的期望不希望犯錯或者遭遇挫敗，不希望別人認為自己有任何不

●火山爆發型（誤會頻生型）

◆是什麼樣的類型？

以一句話來描述，就是想要聽出弦外之音的人。

「到底是想說什麼呢？」「孩子其實討厭這個吧？沒關係嗎？」拚命思索著別人所說的話。

原本的心意是好的，不過一旦解讀錯誤，就會引發出原本不存在的壓力。

當解讀錯誤時，一般只要向對方確認是否為真即可，但是這個類型的人卻會想：「A果然不跟我打招呼，一定是還很在意昨天的事。」像這樣，自行揣測對方的想法。

然後就一個人生氣或者陷入沮喪中。

明明只要向別人問一句「對不起啊，你還在生氣嗎」就好了，卻自行揣測對方的心思，覺得「這麼問不好吧」而開不了口。

◆優缺點

火山爆發型相當親切又能替人著想，這種人的問題是在於會自行揣測別人的想法，而讓自己進退兩難。與「感受力豐富」這個優勢，實為一體兩面。

與人道早安時若是被忽視，可以靠近對方，並開朗地再說一次「早啊」就好，但是火山爆發型的人卻會誤解為「我果然是被討厭了」而為自己帶來壓力。

火山爆發型是日本人常見的類型，有著「心有靈犀」這樣的文化美學，「在對方說出口之前，就要先察覺。」是日本社會所特有的觀念。

日本人從小就被父母教導「就算對方沒把『討厭』說出口，也必須要知道喔。」、「如果對方接著就露出微笑，肯定是在說『不』吧！」於是就認為「我必須學會解讀言外之意」，並且去學習揣摩。

火山爆發型的父母往往沒有仔細確認孩子所說的話，自行認為「是這樣吧」、「孩子應該是這麼想的」，常會在孩子說話時插嘴說道「是這麼一回事吧！」

此外，在學校等場合，這種父母也會暗自推測：「老師剛剛嘆了一口氣，是因為對孩子有什麼不滿嗎？」

◆火山爆發型的「心理使用說明書」

會因為這些事而感到壓力

自行將旁人的言語或態度解讀為懷有惡意或是敵意，因而感到憤怒、不快、自我厭惡等等。

●旁人的言論（對自己的反駁、惡意中傷，或與自己的價值觀不同的想法）

對於旁人的言論不是過度重視就是過度輕忽，無法只是「照原樣」來解讀。例如，還沒把對方的話聽完就認定「是這樣沒錯」，而勃然大怒。

●旁人的行為和態度（妨礙、忽視，或藐視等行為）

實際上別人並沒有忽視或是瞧不起自己，卻過於敏感地如此認定。

稍微冷靜一點就會知道別人並無惡意，也許「只是提醒一下而已」或者「個人好惡問題，對方只是不喜歡而已」。但是火山爆發型卻不這麼想，因此就會出現「不可原諒」、「無法接受自己被人誤會」等想法。

評價（對於事物的看法）傾向

具備強烈的「固執己見」與「讀心（揣測別人的想法）」傾向。

沒有足夠的證據就認為「別人都在否定我」。

改變自己！改變孩子！「14天計畫」

「14天計畫」三大目的

利用前面的「壓力模式診斷表」掌握自己的類型之後，請在接下來的兩個星期中，依照不同的類型來執行因應技巧，這麼做的目的有三個。

1　拿掉有色眼鏡

以無偏見的眼光來觀察孩子，清楚看見孩子真正的模樣與能力，使教養孩子變得更有樂趣，並且更有效果。

另外，情緒化地責罵孩子或是覺得煩躁等狀況會減少許多。親子關係改善，家中氣氛變得明朗。

2　了解自己的特色，以運用於育兒生活

學會「轉換」的訣竅，不把特色當作缺點，而是將特色視為優點並且善加利用。

3　提升「親職力」以培育出「黃金潛能」

學會了壓力因應技巧，我們作為一個人的能力就會增強，因此能夠面對各種困難。簡單來說，就是提升了「處事能力*」。

所以你就能在與孩子的應對中意識到「正面驅策」（第三章）並給予適度引導，好讓孩子具備這些感受。

*註：原文為「人間力」，指作為團體社會中的一份子和一個獨立自主的人所需的種種能力。包含基本學力、專業知識或技能、邏輯思考能力、創造力、溝通能力、領導能力、公共道德，以及耐心、毅力等等。

這麼一來，培育出的孩子將來就有能力面對考試或是就業等「人生課題」，開創出自己的一片天，具有讓自己幸福的能力。

「14天計畫」三個步驟

首先請準備一本「因應技巧專用筆記本」，按照以下順序進行。

步驟1 列出自己得分最高的兩個類型

↓

步驟2 用一週審視自己在生活中的想法

↓

步驟3 用另一週進行自我分析，並運用自我對話等技巧來改變自己

步驟1　列出自己得分最高的兩個類型

首先，找到自己在六個類型中得分最高的兩個類型，了解自己的特色，以執行因應技巧。

寫入因應技巧的筆記本。如左所示。

例：第一順位「精疲力盡型」
第二順位「火山爆發型」

步驟2　用一週審視自己在生活中的想法

第一週，請時時留意自己得分最高的兩個類型，記錄自己「在什麼狀況下（時間、對象）」會出現「壓力反應」，以及「原因為何」，並寫在筆記本裡。

例：「〇月〇日（星期一）　在等幼稚園交通車時，與其他家長談話，
　這讓我覺得很累。
　為什麼會這樣呢？
　因為我為了讓氣氛融洽，過於小心翼翼。」

像這樣持續記錄下去，會漸漸發現「當我與別人相處得處處費心、小心謹慎時，就容易精疲力盡」，找出自己的模式。

並能掌握自己在背後隱藏著的「完美型思考」、「想要永遠都表現得很好」等「評價（對於事物的看法）傾向」。

「當我與人相處得處處費心時，似乎就會造成壓力。」覺察到壓力來源之後，當再次遇到相同的狀況——比方說同樣是在與其他家長談話時，就可以在心中檢測「現在覺得累嗎？」、「嗯，不會。」、「嗯？有點覺得累了。」

這麼一來，就能更具體地了解「自己會在什麼時候精疲力盡」。譬如說，為了讓別

人感覺愉快而拚命回因應方的時候：「這樣啊，那真是不得了呢。就是啊，沒關係。」

你將會發現，其實讓自己疲憊的不是別人，而是「我一定要讓對方感覺愉快」、「我一定要讓大家喜歡我」，以及「我一定要與對方相處融洽」等等，是因為自己的「完美型思考方式」所造成的。

像這樣**明確地發現「造成壓力的原因其實不是別人，而是自己」**，是第一階段。

接下來則進一步分析「跟A講話就覺得累」、「跟B講話倒是不會那樣」等等，留意「因為別人而感受到的疲累程度」，並記錄下來。

建議將感受量化，製作「**精疲力盡的程度評分表**」，如左所示。

「精疲力盡的程度的評分表」

婆婆　7分

媽媽　1分

其他幼稚園家長　10分

這樣就能**找出具體的「刺激（導致壓力產生的原因）」**。

另外，如果同時留意自己得分最高的兩個類型太過吃力，可先注意第一順位的類型。

步驟3　用另一週運用自我對話來改變自己

接下來是針對獲得滿分10分、讓自己感到精疲力盡的狀況或對象，來分析**「為什麼我會這麼覺得呢？」**

「當我與人相處時時小心謹慎，就會覺得很累。不過，為什麼和婆婆相處時沒問題，但是和其他幼稚園家長共處時，就覺得心跳加速，精疲力盡的程度達到滿分10分呢？」請思考這個問題。

在步驟2的時候，我們就歸納出「是因為我的完美型思考方式」等結論，寫在筆記本上。

接下來請向身邊的人詢問，例如伴侶、好友等值得信賴的人。

「如果在這種情況下，遇到這樣的人，我就覺得很累，你會不會呢？」

有的人會回答「我也是」，有的人則會回答「完全不會」。

請分別詢問他們「為什麼」，特別是回答「不會」的人，他們的理由應該能作為重要參考。

「如果其他幼稚園家長問說：『你女兒要參加入學考試嗎？』你會不會生氣？」

「嗯？不會啊。」

「為什麼不會生氣呢？」

「我搞不懂你為什麼要生氣。那我反過來問你，為什麼生氣？」

「因為參不參加考試是私人問題啊，會希望對方不要問吧。」

「啊，是為這樣而生氣啊。不過，就算人家問我，我也只會回答『不打算參加』而已，這也沒什麼啊。」

「啊，這樣啊。」

「改變自己的 14 天計畫」三步驟

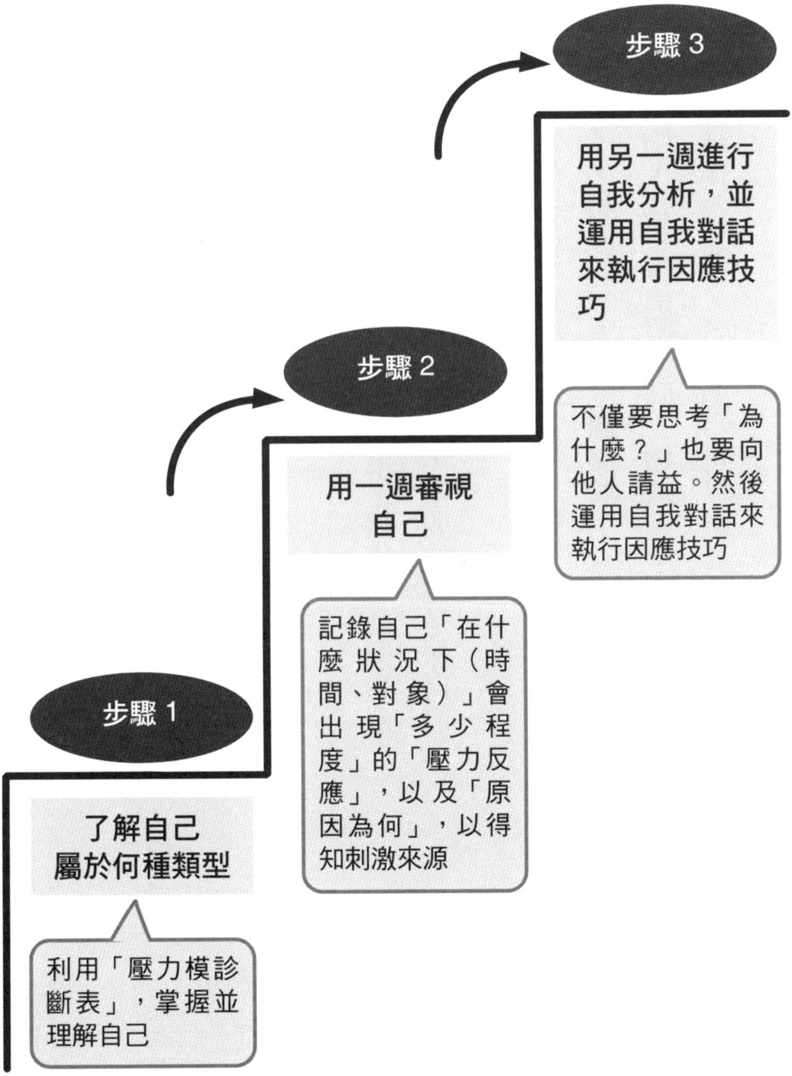
步驟 1
了解自己屬於何種類型
利用「壓力模診斷表」，掌握並理解自己
步驟 2
用一週審視自己
記錄自己「在什麼狀況下（時間、對象）」會出現「多少程度」的「壓力反應」，以及「原因為何」，以得知刺激來源
步驟 3
用另一週進行自我分析，並運用自我對話來執行因應技巧
不僅要思考「為什麼？」也要向他人請益。然後運用自我對話來執行因應技巧

「與自己反應不同的人」就是「與自己的思考方式（評價）不同的人」，也可以說，就是沒有戴上「有色眼鏡」的人。理解這些人的思考方式，我們就能清楚知道「自己的想法」，以及自己「是否戴著有色眼鏡」看待事物，就像是鏡中的影像一樣。

這麼一來，就能更加簡單地修正自己的思考方式。

接下來我們就來運用自我對話。如果是精疲力盡型的人：

「好啦好啦，別人是別人，我是我，重要的還是做自己。」

「放鬆肩膀，好~深呼吸。」

「別人才不會對我的事情那麼在意呢！」

「我太認真了，隨便做一下也沒關係啦！」

從第146頁開始，我將會依照不同的類型，來介紹如何避免壓力產生，以及運用自我對話的方式，請作為參考。各位讀者可以跟著想一想適合自己的自我對話。

重複「步驟1～3」創造正面循環

反覆執行這三個步驟

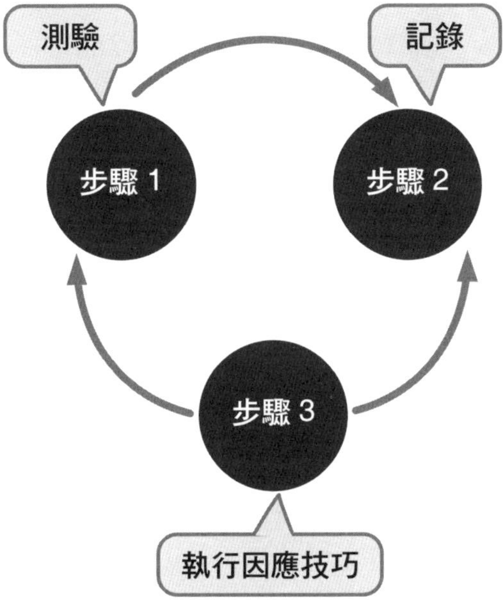

步驟1～3並不是「做完一個回合就好」，請反覆執行。

測驗部分不需重做。反覆執行這三個步驟，就能實際感受到，許多事情都會如同螺旋般地朝向好的方向發展。

給「焦躁不安型」的建議！有效的自我對話

我建議此類型的人，無論是對自己還是對別人，都可以採用讓他們的「應該型思考」放鬆一下的自我對話。

覺察自己焦躁不安時，請針對造成自己煩躁的對象和事情本身，冷靜地進行分析吧。

①讓你能夠「放鬆且心情樂觀」的自我對話

「啊，我現在心裡覺得很煩。」（覺察自己的感受）

「好！○○（置入自己的名字），深呼吸，放鬆！」

「這不是什麼值得生氣的事。」

「不要著急，慢慢來。」

②讓你能夠「對事物的多樣化加以認同」的自我對話

「因為是孩子啊，難免會有這種事。」
「反正我是個井底之蛙，不是什麼都懂。」
「誰都有可能遭遇挫敗，失敗了也無所謂。」
「輸贏是常有的事，不用氣餒，只要能從中學到點什麼，然後再去挑戰就好。」

●給「戰戰兢兢型」的建議！有效的自我對話

戰戰兢兢型的思考窠臼是「反正型思考」。所以我要建議的是，對自己的可能性或能力加以肯定，將危機視為轉機。

不要因為與他人比較而感到喜悅，或者因為別人的評語而感到難過，對於「做自己」要抱持著自信。

①讓你「培養出自信」的自我對話

「我真是了不起！」（像澆花這種小事也要稱讚一下。）

「我好厲害！居然連這個也能做到。」

「別人是別人，我是我！」

「不要為了討好別人而迷失自己，這樣會更沒自信！」

②危機就是轉機！讓你「變得正向積極」的自我對話

「失敗了也無妨。」（這麼想反而不容易失敗。）

「勇於挑戰的我很了不起！害怕失敗，所以什麼也不做，這才是真的失敗。」

「那是真的嗎？值得這麼小題大作嗎？」（不知如何是好而陷入恐慌時。）

「我做得到！沒問題！」

●給「憂心忡忡型」的建議！有效的自我對話

過去的事再怎麼多想也沒有用，最好是不要再想。該思考的是「現在該怎麼做將來才會變更好」。

我要向憂心忡忡型的人介紹「思考二分法」，把事情分為「可以應付」和「無法應付」這兩種，對於無法應付的事情就不用再想，非常清楚明瞭的自我對話。

①讓你學會「建設性思考」及「冷靜思考」的自我對話

「再怎麼煩惱也不能改變過去的事。」

「結束了！是啊，結束了！」

「如果是自己的錯，那麼下次小心一點就好！」

「再怎麼怨恨別人，也只是讓自己難受而已。重要的是，現在的我要過得幸福。」

②讓你能「向前看」的自我對話

「來想想現在能為將來做些什麼吧！」

「好啦！準備跨出下一步吧！」

「我現在真正該做的是什麼呢？」

「為了不再犯同樣的錯，我來想一下現在該做什麼吧！」

●給「悶悶不樂型」的建議！有效的自我對話

我們的未來是由自己創造，無論對於未來多麼不安，也不會因為想太多而改善。說起來，直到死亡為止，我們都只能靠自己獨力生存。所以我們能做的，就只有為將來設定具體目標，並且專注於「現在能做的事情」而已。

對於悶悶不樂型的人來說，重要的是「不要被不安束縛，改變『現在』吧！」把這樣的自我對話當作一個習慣。

①讓你「有能力改變現在」的自我對話

「明天的事情，今天不用煩惱。」

「專注在今天的事情上！」

「冷靜想想問題是出在哪裡。」

「未來還不知道會怎樣，好好把握現在，就可以改變未來。」

②讓你「把目標當作習慣，培養主動性」的自我對話

「自己的人生可以由自己來決定。」

「今天的目標是什麼呢？」

「在今天結束時讚美自己吧！」

「空口說白話不會改變任何事，只有行動才能造成改變。」

給「精疲力盡型」的建議！有效的自我對話

有需要拚命努力的「緊繃時間」，也有需要與休息沉澱的「放鬆時間」，要為這兩個時間做出區隔。

在一連串的緊繃過後，特意為自己安排一段悠閒時光，像這樣花點巧思是很重要的。

①讓你「舒緩緊繃」的自我對話

「好～深呼吸！不要那麼用力！」

「不要努力過頭了，放鬆一下。」

「把肩膀的力量放掉吧！」

「不用那麼努力也沒關係。」

②讓你接納「不完美自己」的自我對話

「做不了的事就不要承接，這是很重要的，這樣對彼此都好。」

「我就是太過努力了，所以心想著『隨便做做就好』的程度反而剛剛好。」

「不用那麼在意別人的目光，別人並沒有像我想的那麼注意我！」

「做這件事是因為別人的期望？還是因為自己真的想做呢？確認一下自己真正的想法吧！」

●給「火山爆發型」的建議！有效的自我對話

培養「聽話的能力」——不誤解他人所說的話，並且以平常心看待事物。

接著利用自我對話，讓自己習慣以正面的角度去解讀旁人的話，不管是傷人的話還是讚美的話，都能夠真心接納、誠實以對。

①讓你具備「聽話的能力」的自我對話

「（對自己說）等一下，總之先聽人家把話說完。」

「也許是我誤會了，還是跟對方確認一下吧！」

「不要鑽牛角尖，按照對方所說的話來理解就好。」

「這是理解不同價值觀的好機會。」

②讓你「有餘裕去思考」的自我對話

「他只是提醒我而已，又不是說什麼否定我的話。」

「唸我是為了我好啊。」

「要把這句話當作是在說壞話還是有心的建議呢？這是人生的選擇題。」

「不管他說了些什麼，都只不過是他個人的意見而已。」

第3章

激發八大黃金潛能！培育「人生天才」的教養重點

養成八大黃金潛能！教養的基本原則

在本章節中，我要來談談培育出「八大黃金潛能」的養成方式。開始之前，我要先介紹以下四項基本原則，希望各位父母親能夠理解。

1 別說是「為了孩子好」而責罵孩子
2 規定要少而明確
3 當孩子說「我怕你會生氣」時，絕對不能發怒
4 讓孩子覺察自己的感受，獨立思考

那麼接下來就按照順序逐項說明。

1 別說是「為了孩子好」而責罵孩子

因為這麼做沒有意義，「責罵」或是「生氣」對孩子來說並不怎麼有效。想要改變孩子，就要設法讓孩子自己「主動採取行動」。重點是要說出「自己（父母）所看到的事實」。比方說：

「〇〇，我跟你說一件事好嗎？是一個建議。」

「啊？好啊！」（當媽媽說「跟你說一件事」的時候，一定是有什麼重要的事吧）←已做好心理準備並準備聆聽的態度

「**媽媽總覺得〇〇最近忙著打電動、看電視，作業卻拖到最後才寫，結果不但晚睡，而且作業看起來只是隨便做做。**←父母親所看到的事實

這樣的話，倒不如一回到家就先寫作業，寫完作業後就可以輕鬆地打電動。**媽媽是這麼想的**，你覺得怎麼樣呢？」←建議（而非強迫）

這麼一提議，孩子可能會說「我試試看。」也可能會回答「可是我想看五點到五

點半的節目。」

「這樣的話，五點半就可以開始寫功課了嗎？」

如果孩子自己說出：「嗯，從五點半開始我可以寫作業。」我們就達成了目標。此與第67頁所說的相同，**重要的是，讓孩子自己說出「我會去做」。接下來就交給孩子自己負責。**

孩子並不是「因為爸媽說了，才心不甘情不願地去做」，而是覺悟到「這是我自己的決定」，所以能夠貫徹始終的機率相當高。而且孩子也知道父母已經有所妥協，所以更會做到。這也是一種教練技巧。

這麼一來，責罵孩子的必要性就大幅減少了。

當然，我也有情緒化的時候，會在家中表現得很焦躁，甚至會像是要抒發壓力似地大聲嚷嚷。在這樣的時刻，我會事先說明：「媽媽現在心裡覺得很煩，不過這可不是你們的錯喔！」情緒發洩過後再跟孩子說：「我這麼大聲，對不起啊！都是因為工作讓我累壞了。」向孩子來道歉。

而孩子們也都能理解，他們會說：「我們知道啦。媽媽你心情好一點了沒？」孩子實在是很坦率。

2. 規定要少而明確

不過，不可或缺的大前提是，要明確地讓孩子知道絕對必須遵守的「規定」。譬如「不可以說謊」、「不可以偷東西」，以及「不可以玩火」等事項。

在我們向孩子說明時，重要的是：**①壓低聲音、②慢慢地說，以及③語氣要堅定**。如此可讓孩子明白這不是件小事。

相反地，最沒有效率的作法，是以音調高而刺耳的聲音說個不停。這樣並不會讓孩子覺得「這件事很重要」。

「我平常不是告訴你要這樣、要那樣嗎？但是你卻……（一直說個沒完）」這樣的作法，對孩子來說只是左耳進右耳出而已。

另外就是**一定要說明理由**。

「不可以開瓦斯。因為這不只是你會燙傷，還有可能造成火災。」

如果孩子年紀還小，也可以讓他看看燙傷的照片。我也曾經看過父母親在不會造成危險的範圍內，讓孩子的手靠近火源。讓孩子實際感受過熱度，再告訴他「燙傷可是比這個更熱、更痛的喔」，好讓孩子能夠理解。

然而，這些規定要盡量地少，只限於真正重要的事項就好。

我把「無論對自己、對別人都不可以說謊」也納入規定當中，並且對十二歲的長子這麼說：

「不可以說謊，不要隱瞞，不找藉口。

但這並不表示『什麼都要跟媽媽說』，你可以不用全都告訴我。」

孩子在學校會遇到許多事。十歲過後的孩子會有些不想讓父母知道的事，也是理所當然的，這一點我想加以尊重。不過，說謊則是另一回事。說了一個謊，就不得不說更多的謊來掩飾，最後只會讓自己陷入惡性循環。

另一方面，這些話我也跟兒子說了許多次：

「不過，如果你願意的話，你什麼都可以跟媽媽說喔。不管是多麼無聊的事，或者什麼煩惱，媽媽都準備好要聽你說了，所以沒關係喔！」

甚至是「嗯，媽媽剛剛其實說了個謊」這類的「實話」，我也準備要跟孩子說。

3. 當孩子說「我怕你會生氣」時，絕對不能發怒

當孩子真的向我們訴說「煩惱」或是發生某些問題時，為人父母的我們如何回應著實是一大考驗。

G以前曾經發現女兒把滿江紅的考卷藏在床板下。G總是聽女兒說「我的成績很好啦，放心！」所以非常震驚。

所以G就向女兒問了：

「這什麼呀？怎麼藏了起來？」

「因為，我怕你會生氣……」

越是在這樣的時候，越是不能把「為什麼藏了起來」、「你還想騙我」等話罵出

口。

「這樣啊，但媽媽有兩件事想說。一個是，媽媽覺得被謊話欺騙很難過。你認為跟媽媽說了，可能會被罵，這一點讓媽媽很難受。

還有一個是，媽媽並不會因為沒考好就生氣。因為，不及格也『沒辦法啊』！重要的是想想『下次考試要怎麼準備』吧！」

在第一句中的重點，是用「第一人稱」來表達「『我』是怎麼想的」。這在心理學中，也稱為「我訊息（I-message）」表達法。

使用第二人稱為主詞而說出「你……」，聽起來就是在指責對方。但若使用第一人稱為主詞，以「我覺得……」的方式來表達，就不會傷害到對方，所以會比較容易被接納。

第二個則是「考不及格是『事實』，那就讓我們一起來想想如何『解決』。」採取尋求社會支持的因應技巧。

在這個情況下，如果父母親的思考方式是「應該型思考」，或者價值觀為「做對的事，比什麼都還要重要」，就會演變成家庭革命的局面。「這什麼呀，你為什麼藏起來！再說你為什麼要說謊啊！」就算一直逼問「為什麼」也沒有用，因為答案其實很簡單，就是「不想讓父母看到」而已。

我們教養孩子究竟是為了什麼呢？是為了貶低孩子嗎？不是這樣吧，我們是「**為了讓孩子幸福**」。

我們身為父母，就必須時時留意「**哪一條路是通往目的地的捷徑**」。當我們針對自己所發現的事向孩子探問時，也是如此。

我們想要抵達的「最終目的地」是哪裡呢？如果目的地是「想要加深親子之間的信任關係」、「想要讓孩子幸福」，或者是「想要將落後的課業補救回來」，那麼哪一條路會是捷徑呢？為人父母的我們又該怎麼做呢？

破口大罵或是聲淚俱下之類的情緒抒發方式，只會讓我們離目的地更遠而已。我們應該認清彼此的立場，並且向孩子傳達自己的感受，親子共同尋找解決之道，以最理性的方式朝向目的地前進。

4. 讓孩子覺察自己的感受，獨立思考

當孩子似乎有什麼煩惱，或者是神情與平時有所不同時，我們會問「你在煩惱什麼呢？」但是在孩子開口之後，我們就只要觀察孩子，詢問他內心的感受，並且鸚鵡式地復誦就好。**不要跟孩子下評斷說「應該要這麼做喔」**，也不要像這樣「你跟那個小朋友這麼說，他就會這麼做了吧」試圖去引導孩子。

「你在煩惱什麼呢？」

「其實是這樣……」

「嗯，這樣啊。那是從什麼時候開始這麼覺得呢？」

「是從某一天○○跟我說了……之後開始的。」

「那時你覺得怎麼樣呢？」

讓孩子覺察自己的感受，是因應技巧的第一步。從這裡開始，孩子就能自行著手解決問題。

「我知道了。那這次就這樣試試看吧！」

「是啊，試過才知道……」

孩子也跟大人一樣，在執行因應技巧的過程中，就會越做越好。

「可以自己做決定」是培育出「正面驅策」的八項能力的基礎。

可以自己做決定，那是因為自己被愛著、被信任著。自己做得到，因為被教導「不畫地自限」，所以勇於進行挑戰。對自己的行為負起責任，並且知道即使失敗也沒關係（因為父母親永遠站在自己這一邊），這八項能力全都是這麼來的。

這樣的教養方式，可以從孩子牙牙學語前就開始。比如說：「啊，你很開心哦。吃飽了，所以開心哦！」、「啊，玩具被哥哥搶走了，很難過吧？」等等，可以向孩子說出連結「事實（行為）」和「感受」的話語。

然後從某一天開始，孩子就會主動說：「才不是呢，我現在不是在難過，是在生氣啦。」

「哎呀，抱歉、抱歉。我看你在哭，還以為是在難過呢！」

接下來孩子就漸漸會自己說出「今天小明沒來，不能一起玩，我好難過喔！」等話。

孩子自然地學會了因應技巧，也就是解決問題的能力。

不過，前提是為人父母的我們，要先了解自己屬於何種類型，並在傾聽孩子說話時，提醒自己不要戴著有色眼鏡來看待孩子。

脫下有色眼鏡，我們才能看清孩子真正的模樣、孩子的立場、感受，以及想要前進的方向等等。

如果問題有點複雜，也可備好選項，讓孩子做選擇。

足球少年R跟母親說，他因為足球隊的事有點煩惱。

「因為沒有乖乖聽學長的話，就被刁難了（R所知的事實），我覺得很討厭（感受）。」

「你希望媽媽怎麼做呢？」

「媽媽覺得我該怎麼辦才好？」

「嗯，媽媽想得出的選項有『1.繼續忍耐』、『2.和教練商量』，還有『3.退出這一隊，再加入別隊』這三個吧！」

「我想繼續踢足球，但是不想待在這一隊了。該怎麼辦呢？」

「ＯＫ。那，這麼做好不好？退出這一隊之後，再換到別隊。不過，是要跟教練說了再離開？還是什麼都不說就離開？」

就算已經知道「該怎麼辦」，也沒必要從一開始就給孩子指令「你要這樣做」。父母之所以會傾向於這麼做，是因為「想要儘快替孩子解決問題」、「想要幫幫孩子」。

不過，孩子的人生，是孩子自己的。讓孩子自己去處理，以培育出獨立解決問題的能力，才是真的為孩子好。

「黃金潛能1」我是被愛著的！
——如何培育「自我認同感」

有愛就說出來，不要隱藏

「我是被愛著的！」這個感覺，是所有一切的基礎。以房子來比喻的話，就是地基的部分。這是我最希望能深植於孩子心中、最為重要的感覺。

每天只要有機會就要跟孩子訴說「我最喜歡你了」、「你對我很重要」、「謝謝你一直這麼棒」、「生下你真是太好了」等話，讓孩子覺得「自己對於爸媽而言是無可取代的」。

我甚至認為，這些話就算每隔三分鐘說一次也不為過。無論孩子成長到幾歲，依然要保持。

有些人認為，這類的話一旦說得太多，就會把孩子寵壞，或是會讓孩子太過依賴父母，不過我不這麼想。因為隨著年紀的增長，孩子總是會經歷小學、中學等階段並進入社會，體驗「現實人生」，並置身於這個社會的相對評價當中。所以至少在家裡，我們要讓孩子展現出「真實的自己」並且感受到愛。

在教養孩子的過程中，我也曾經感到情緒焦躁、沮喪消沉，甚至有大發雷霆的經驗。但是為人父母的我們，在內心深處始終有著源源不絕的愛（若非如此，你也就不會拿起此書來閱讀了吧）。

所以，**不要把愛藏在心中，而要不斷地以語言表現出來**。

當你覺得「啊，我真是喜歡這個孩子」時，請試著告訴他「你對我真的很重要」。

不過若是在發脾氣時想到：「書上說我們得跟孩子訴說愛。」於是就勉強擠出笑容、說出這些話，這樣並不會帶來什麼好處。

我們「真正的情感」一旦和「表情」或是「語言（語調和音質等等）」有落差，就會讓孩子（特別是年紀小的孩子）感到不安。

孩子不會被矇騙。無論再怎麼跟孩子說「我最喜歡你」或是「我很愛你」，如果孩子感受不到「被愛著」的感覺，就無法培育出自我認同感。

愛，就是認真面對孩子

「情緒、表情、語言」這三個要素是三位一體，彼此連動，所以孩子能夠覺察父母的情緒，並且順利接收父母所說的話。

不用勉強說出與內心想法相反的話，如果情緒煩躁，只要老實說出「我正在生氣」就好。

有時我也會告訴孩子「媽媽討厭你那種說話方式」等等。**重要的是，要具體指出問題所在。**像是「你這孩子真是糟糕」或「你怎麼老是這樣」這類「讓人搞不清楚到底在生什麼氣」的全盤式否定，則完全沒有幫助。

在一流的運動教練當中，也有人會因為關愛某位選手，所以對他說話特別嚴厲。所謂的「愛」，就是意味著「我會認真面對你和你的人生」。因為信任孩子、認真面對孩子，所以有時候也會責罵孩子。因此，重要的還是要永遠對孩子表現出你真實的一面。

孩子在升上小學之後也能覺察到：「媽媽會生氣，是因為她喜歡我而且信任我，所以才會對這件事這麼認真。」

到了父母親插不了手的高中、大學時期，孩子就算面對許多誘惑，但只要想到父母，就能自己決定「偏離正軌的程度」。

「爸媽那麼信任我，如果我做出這樣的事，會讓他們很傷心吧！」

「被愛著、被信任著」的感覺，會轉變成「不可自甘墮落」的自尊心，成為最後一道防線。

「黃金潛能2」我做得到！——如何培育「自我效能感」

當孩子做到時，立即且具體地給予讚美

心中若有著「我沒辦法」、「我做不到」等想法，那麼就連原本做得到的事，也會變成做不到，更別說想要養成勇於挑戰的精神。

「我做得到！」讓孩子相信自己的能力，便能夠引導孩子，讓孩子更有能力開創人生。

培育出自我效能感的**重點是**，從嬰兒期開始，父母親就要①具體地、②當孩子做

到時、③立即給予讚美。

例如：「有進步喔！今天已經能用剪刀剪一直線了耶！前一陣子剪的時候還會歪到右邊呢。」

這是在運動指導上常用的手法，讓選手**感覺自己「做得到」**，這個方法非常有效。

只是籠統地說「你真會用剪刀」，這樣的的方式無法連結到「做得到」的感覺。舉例來說：「你畫畫進步了耶！前一陣子你的人物都沒有畫頭部，現在會畫了。」、「以前媽媽沒說你就不收東西，今天居然自己主動收東西了！」就像這樣，**對於「原本不會做的事」和「學會做的事」，兩者之間的差距給予認同。**

這對於父母來說相當不容易，因為平時就必須仔細觀察孩子的一舉一動。由於年幼時期的成長速度相當顯著，很容易就能找到可讚美之處，但是在漸漸長大之後，則需要仔細觀察才能找得到。

不過，這樣的努力一定會有所回報。就算一天只找出一件事情來稱讚也可以，請試著堅持下去。

這麼培育出的自我效能感，不只是會讓孩子覺得「我做得到」，還能培養出「就算現在還不行，但**只要繼續做下去，就會做得到**」的自信心。當未來面對入學考試或是證照考試等困難時，自信心就會成為能夠努力不懈地繼續挑戰的原動力。

「做到了↓父母很高興↓更加努力」的連鎖反應

在這個部分，父母親的「情緒」、「表情」，以及「語言」等三個要素是否一致，也是很重要的。

「哇，好厲害！昨天才跨出一步，今天就走了五步耶！」如果父母親坦率地以聲音和表情表達自己的喜悅，那麼就連不會說話的嬰兒也能感受到「啊，媽媽很高興呢！」而開心地呵呵笑。

不管到了幾歲，父母親的喜悅都會讓孩子「想要更進步」。

另外，「哇，你做到了！」、「好厲害喔！」將喜悅之情溢於言表的表達方式，**等於是在向孩子傳達愛意**。這樣的父母所教養出的子女，是在自然而開朗的氣氛之下長大的。

「黃金潛能3」重點是要去挑戰！——如何培育「挑戰精神」

要讓孩子看過程而非結果

想要培育出這項能力，並不需要對孩子做些什麼。

要去做些什麼的是父母自己，讓孩子看到父母親朝向某個目標挑戰的樣子。孩子看到父母這樣的姿態，便可以從中學習。

請你每天都要進行某種挑戰。讓孩子看到父母有目標，並且為了達成目標而積極過生活的樣子。

無論是減重、硬筆字的練習、瑜珈，或者是證照考試，只要是你有興趣的都可以。難度低一點沒關係，就算途中遭遇挫敗也無所謂。重要的是挑戰本身，並且要向孩子們宣告。

你可以告訴孩子「我決定要開始慢跑」，並且把它寫下來，張貼於廁所等處。

如果孩子問：「媽媽，這張紙是什麼？」就自信滿滿地回答：「因為媽媽打算要減掉三公斤，挑戰是很重要的！」

當達成了目標時：「你看你看，媽媽瘦了三公斤喔！哇，這件裙子我穿得下了！真開心！」盡情表達喜悅，讓孩子們知道進行挑戰是多麼美好的一件事。

孩子若能對於挑戰成果加以認同固然是最好，但就算結果是被取笑說「你一點也沒瘦啊」也無妨。因為進行挑戰並不只是為了拿出成果，而是為了讓孩子看到「無論到了什麼時候，都還是可以去挑戰」的生存之道以及過程。

並且要讓孩子感受到「進行挑戰是一件快樂的事」。

若是工作忙碌，沒有時間這麼做的話，請跟孩子說「我在工作上進行挑戰」。

可以在餐桌上說：「這個企劃案現在交給我負責喔！雖然這麼艱鉅的任務讓我很

擔心，不過我一定要讓它成功！我會加油。」

有些家長或許是想讓孩子知道他在工作上的努力，所以會跟孩子說「雖然這麼辛苦，但是為了你的學費，我還是要工作喔！」或者「沒辦法啊，我們需要錢。工作就是也得去做一些不想做的事啊！」

這些話並不值得特地向孩子說，只是會讓孩子覺得工作真討厭，或是長大還真辛苦，我才不要長大……等等而已。

孩子總有一天會長大。等到長大之後有了親身體驗，我們再來跟孩子說說「工作上也會有些討厭的事吧？你現在負責什麼工作？哪方面覺得辛苦呢？」分享經驗談即可。

在還是個孩子的階段，即使跟他說這些話也沒什麼好處。而且，這麼做就等於是在告訴孩子「未來的人生是一片黑暗」。

在這一節所提到的第三項能力——挑戰精神，**「父母親本身是否能運用因應技巧」這件事，會對於結果造成很大的差異。**

別強迫孩子去挑戰

為什麼說不要強迫孩子去挑戰呢？因為所謂的挑戰，必須是自己本身「想做」，並且自己讓能量爆發出來，才得以展開的。

「挑戰是很重要的，所以從今天起，你就挑戰看看能不能每天都完成補習班的作業吧。」像這種毫不顧慮孩子想法，只是強迫的方式，會讓孩子認為「挑戰＝超級無敵討厭的事」。

而且就算好不容易完成這件「不得不做的事」，孩子也感受不到任何成就感，也沒有「太好了！我做到了！」像這樣感動的瞬間，所以意願就會日漸低落。

如何提高孩子的意願

當我提到前面這些內容，常會有人反駁說：「可是，如果我不叫孩子去做，他就

什麼都不會主動做。」

我這麼說似乎是有點嚴厲，不過我還是得說，那大多只是因為父母親的眼中沒有孩子而已。

孩子絕不是天生被動，只是「孩子主動想去做的事情」被爸媽制止了。比方說打電動、看電視，或是玩耍等等。孩子都非常「主動地」想要做，但是爸媽卻說這個「不行」、那個「不行」，而加以阻止。他們還會說「孩子都不會主動唸書」、「孩子有在打棒球，但卻不會主動去跑步。該怎麼做才好呢？」

孩子不做自己討厭的事，人原本就是這樣。因為討厭跑步，我在奧運選手時期還曾經企圖躲開呢。

我這麼一說，就不免會被問：「但我總不能因為這樣就一直讓孩子打電動吧！該怎麼辦才好呢？」這個時候我總是會回答：「那就請你向孩子本人問問，**為什麼那麼喜歡打電動？那麼想打電動？**」

親子共同討論過後，就會知道孩子其實是想體驗「興奮感」、「過關時的成就感」，以及「一直升級的成就感」等感覺，也會知道孩子是「因為喜歡跟別人比賽」等等。

另外，雖然籠統地稱為電動，但是孩子最喜歡的，究竟是動作類？是迷宮或益智遊戲類？還是角色扮演遊戲呢？喜歡的類型會因人而異。

這麼一來，我們就知道什麼可以**提高孩子的意願**。

如果希望孩子自動自發地學習，那麼就讓孩子能夠在課業上感受到「興奮感」或者是「成就感」，重點是選擇符合孩子喜好的方式。

選擇適合孩子的方式以有效達成目標

五歲的M小朋友討厭看書，但是為了準備入學考試，父母非常希望他能看點書。不過，M卻完全不想學認字，結果陷入了「父母讓M看書→M更討厭看書了→父母越來越急著想要讓M看書」的惡性循環當中，於是前來諮詢。

M的父母說：「M喜歡打電動。如果畫面上出現說明文字，他都會認真地閱讀。雖然討厭看書，但是電玩倒是怎麼都玩不膩，怎麼辦才好呢？」

既然當下的目標是「讓孩子學認字」，那麼**達成目標的方法不應該只是局限於「書本」**。於是我建議說，要不要乾脆就讓孩子打電動打個痛快呢。

結果M很快就學會認字，詞彙量也增加了，接著我們**改用漫畫**。由於M喜歡運動類的電玩，我們就為他選擇了一本很暢銷的運動類漫畫，果然深受M的喜愛。他反覆閱讀了許多次，連漢字都很快就能辨認了。

然後不可思議的是，M曾經那麼喜歡的電玩，後來就不再玩了。一方面是因為玩膩了，另一方面則是因為被其他事物所吸引。

回想起我們自己的童年時期，不也是這樣嗎？爸媽越是說「不可以」，孩子就越想做做看。而在盡情嘗試滿足之後，就會轉移到下一個目標。

有主見的孩子會在適當的時機自己踩剎車。父母親要相信孩子的判斷力，不用著急，也不需慌張，只要看著孩子就好。

重視孩子的主動性

無論是課業、與人往來或其他方面，當自己覺察「再這樣下去不行」的時候，一個懂事的孩子一定會開始設法做點什麼。所以我們只要平靜地告訴孩子：「媽媽什麼都不說了，你就自己做吧！」接下來默默觀察就好，不久孩子就會採取行動。

雖然對於父母而言，等待孩子採取行動並不是件容易的事，但是如果我們繼續跟孩子說「你要怎麼做」、「你不可以怎麼做」，就等於是在扼殺孩子的主動性。

不過，有時候還是必須嚴肅地向孩子傳達父母的意見，比如說：「你要做什麼都可以，不過既然是小學生，作業至少還是要寫。」、「課業成績不好的責任不是在於別人，而是在你自己身上。」這也是難以斟酌的部分。

然而父母若是平時就常責罵孩子，效果就會大打折扣。「平常不生氣的媽媽（爸爸）」在關鍵時刻動怒，才會對孩子造成很大的影響，並且長留於心中。

另外，也別忘了繼續關注孩子。如果父母其中一方責罵了孩子，另一方就要暗中留意，並與孩子共同思考如何有效學習。

提高孩子學習意願的教養策略

無論是課業還是其他方面，想要在挑戰上看到成果，重點是要讓孩子知道具體的作法。**不要向孩子說「你要認真一點」**。因為這種說法太過籠統，會讓孩子不知道該怎麼做，而無法改善狀況。

「下課後回到家，吃完點心並且休息過後，就先從算數開始複習今天教過的內容……」可以像這樣與孩子談論細節並且擬定計畫。

同樣地，**當我們詢問孩子時，也要讓孩子自己做決定**。這麼做的重點是在於，讓孩子覺得「這是我自己決定的」。

當我們與孩子一起看電視時：

「還有五分鐘就結束了，看完電視之後，要做什麼呢？」

「嗯，我先寫作業吧！」

「那就來寫作業。從哪一項作業開始寫呢？」

「算數。」

「有什麼要媽媽幫忙的嗎？」

此時孩子若是回答「沒有」，我們可以說「那就有事再叫我啊」，然後就任由孩子去做。若是回答「有」，我們可以問「我要幫什麼忙呢？」或是「什麼時候需要媽媽幫忙呢？」等問題。

至於目標，也要讓孩子自己決定。比方說在新學期開始時，可以問孩子「這個學期的功課你有什麼打算呢？有什麼想要挑戰的嗎？」

「算數方面要再加油一點，我想要贏過H同學。」

「喔，這樣啊。不過，如果H同學是第100名的話，也就是考上第99名就可以了？」

「啊，不是啦，不只是要贏過H同學而已，我還是要盡力而為。」

如同這般地協助孩子自行找出具體目標。

這麼一來，孩子對於自己的決定會有責任感，也就能連結到下一個黃金潛能「自我責任感」。

「黃金潛能4」對自己的行為負責！——如何培育「自我責任感」

基本上是「不要幫忙孩子」

從孩子小時候開始就絕對不要幫忙孩子去整理。這是從生活中培育出「自我責任感」的訣竅。至於孩子說出「幫幫我」的時候，則可視狀況而加以協助。

當孩子一回到家就將東西隨手亂丟時，若我們很快就把散置一地的書包或衣服撿起、收拾乾淨，我們自己心裡會比較舒坦，但這個時候必須要忍住。

像是便當盒，或者從補習班回來後就到處亂丟的制服也一樣。

首先向孩子**宣告事實**。

「○○，你的便當盒還在袋子裡哦！」

「好！」（有回應，但是人沒來）

接著**提供選項**給孩子。

「你現在拿出來我就洗，不拿出來我就不洗。」

「好！」（有回應，但人還是沒來）

不要告訴孩子「把便當盒拿出來」、「把房間整理一下」。

孩子不把便當盒拿過來就不要洗而已，接下來什麼都不用說。

幾天過後，孩子就會主動說出：「媽媽，對不起！明天要帶便當，你幫我洗一下。」

「嗯？我不是說過不洗了嗎？不要，我才不洗！」

然後就讓孩子自己洗便當盒。

孩子自己造成的問題，要讓孩子自行解決。**重點是，我們要把它看作是在生活中「沒什麼大不了的事」**，尤其是便當盒這件事。所以我們就一直等著，看孩子到底要拖個幾天才會拿出來。

「這樣下去便當盒都要發霉了，啊，我不能再等了！」、「現在就想要馬上把孩子房間中散落一地的衣服撿起來，再拿去洗乾淨。」對於父母親來說，要戰勝這些誘惑還真是一番苦戰。

不過，只要繼續堅持下去，一定能讓孩子養成自動自發的習慣。

我拜訪過一個家庭，他們讓孩子能夠確實肩負起小小的責任。無論孩子的年紀有多小，在用餐過後都要把自己的餐具放到洗碗槽中。找出「孩子也能做到的事」，並且像那樣地讓孩子習慣性地負起責任，也是個好方法。

孩子能夠理所當然地為自己的生活負起責任，是對自己的人生負責的基礎。

培育對自己人生負責的能力

我們的人生不是由別人來幫我們做些什麼，而是靠自己去開創，無論好壞都是自己所造成，責任是在於自己身上。

想要讓孩子培育出這樣的感覺，訣竅是從平時就要**跟孩子說「這是你的人生，所以由你自己決定。」**

即使孩子說「媽媽你幫我決定」，也要回答「媽媽就算想決定也決定不了喔！因為這是你的人生，而不是媽媽的人生，媽媽負不起責任啊！」

當孩子在選擇國中、高中，甚至是大學時，對於父母來說，更是場考驗。就算父母再怎麼覺得「這間學校比較好」，如果孩子希望進其他學校，父母就該打消念頭。這是我的想法。

孩子的人生，是孩子自己的，並非是你的人生。父母應將此視為拿掉有色眼鏡——那間學校比較好，應該選那一間——的好機會。

父母不可將自己的夢想、自己的願望置入孩子的人生當中。

如果是自己選擇的目標，那麼無論成功或失敗都對自己有益。若是成功，能獲得很大的成就感，成為無可取代的成功經驗。然而即便是失敗，也能從中學習，重新擬定計畫「好，下次我就……」，將失敗經驗運用於下一次的嘗試中。

由他人所選擇的目標，則是相反的狀況。就算成功，也無法從中獲得樂趣。一旦失敗，則會懊悔「都是因為那時候聽了爸媽的話，才會變成這樣」，父母親也會有罪惡感。從結果來看，什麼好處也沒有。

「黃金潛能5」就算失敗也無妨！——如何讓孩子「接受失敗」

為孩子提供不需擔心失敗的環境

「人生中理所當然會遭遇挫敗，所以就算失敗了也沒關係！」想要培育出坦然面對失敗的態度，首先父母從平時就要對孩子所犯的錯加以包容，這是基礎。

「打翻牛奶」、「考不及格」，或者是「對朋友說出傷人的話」等等。當孩子在生活中遭遇這些小挫折時，不要對孩子說：「你這孩子真是的！」要在告訴孩子那樣確實不好的同時，向孩子解釋：「是因為你把牛奶擺在桌緣啊。」或是問孩子「你為什麼要跟朋友說那種話？」讓孩子自己找出明確的理由。

不過，有些完美主義者，對於這些日常生活中的小事情也要一一囑咐「絕對不可以……」。

比如「絕對不可以打翻牛奶喔！桌子下面的地毯可是花了幾萬元買的。絕對不行喔！」

若真如此，只要更換地毯，或者換個場地用餐即可。**「為孩子提供不需擔心失敗的環境」**，我認為更加重要。

雖然我們會跟孩子說「小心一點喔」，但若是連雞毛蒜皮的小事也要一一生氣的話，那麼孩子就分辨不出「真正重要的大事」與「小事」的差別了。

一旦遭遇挫敗就被嚴厲責罵的孩子，長大後面臨考試或是工作等不想失敗的關鍵時刻，一想到「怎麼辦？如果搞砸就慘了」就害怕不已，而無法發揮出實力。

在還沒做之前，就自己讓自己處於「失敗狀態」。

為了能在正式上場時發揮實力，「失敗了也沒關係」的這種接受失敗的態度，其實是「為了不要失敗」而絕對必需的一種態度。

讓孩子體驗「從失敗中學習」的經驗

前文中提過，孩子「自己決定的事」就算失敗了也沒關係。即使心中難過，也會是人生的好經驗。

比方說，在比賽過後回到家中，孩子說：「我失敗了，我們輸了。」此時可以跟孩子說：「很不甘心吧？不過，這並不是什麼不可挽回的事，有什麼失敗呢？」也可以問問孩子：「你從失敗中學到了什麼？」

重要的是，**「失敗了很不甘心，不想失敗是事實。不過，從失敗中也能有所學習」，這樣的經驗，我們要讓孩子在小學時期盡量多累積一點。**

因為到了國中、高中，隨著年紀的增長，失敗的代價會越來越大，那時就需要花更大的力氣才能重新站起。

所以我們要趁著年紀還小，多練習如何從失敗中學習。

「黃金潛能6」犯了錯我可以改！
——如何培育「逆境因應能力」

相信「無論如何都能重新來過」

在考試或是重要的比賽中遭遇挫敗，或者失去重要的人或物等等，當我們遇到人生中的困境時，也就是發揮逆境因應能力的時機。這項能力是來自於「無論發生過什麼，都能重新來過」的心態。

比方說，在與孩子一起看新聞時，看到宣告破產的人，或者因為犯罪而被逮捕的名人新聞，這時，不要隨便說出「啊，這個人已經完蛋了」等話。即使這些話並不是對著孩子說出，孩子對於大人之間的對話也是相當敏感的。

即便是殺人犯，也是人。就算服完刑期獲釋出獄時已經是八十歲，付出了代價，再也不會是「殺人犯到死為止還是殺人犯」。說起來對於殺人犯的這個「看法」，會隨著立場的不同——身為殺人犯家屬，或者身為被害人家屬——而有著一百八十度的轉變。而且「犯下大錯並且贖完罪之後的人生該怎麼走」，只有當事者才能決定。

這個例子或許有點極端，不過重要的是，父母親平時就透過言行向孩子傳達「無論發生過什麼，都能靠自己去改正」，以及「犯了錯可以改」等觀念。

如果孩子身邊的朋友發生某個狀況，這樣的作法，也能培育孩子**對於他人的遭遇感同身受的能力**。

到了這個階段，考驗的就是父母親的人生觀了。

沒有什麼事情是「一死了之」才能解決

這項能力為何重要呢？最大的作用是，讓孩子成為「不會自殺的孩子」。最近幾年，日本每年的自殺人數都超過三萬人。就算是有著無限可能的年輕人，也可能因為遭遇挫折就選擇自殺。

「沒考上醫學系，我的人生完蛋了！」

想要重考是不會被諒解的，我只能一死了之了——之所以會有這麼極端的想法，是因為孩子沒有培育出「**無論發生過什麼，只要自己有心改正，就能改正**」，這樣的基本信念。

因此，在年幼時期累積失敗經驗非常重要。像是運動比賽等等，孩子有過「**雖然全力以赴，卻仍然以失敗收場**」這樣的經驗，就能重新面對挑戰開創出一片天。

另外，父母親本身也必須同時具備「逆境因應能力」。想要具備這樣的能力，當然不可或缺的是因應技巧。

家人臥病在床，或因為父親發生意外，家中經濟狀況一落千丈，甚至破產，或是自己生病了、被裁員……等狀況。父母親本身處於逆境時，考量自己「能做些什麼」，並決定如何因應。而透過身教，孩子就能從父母身上學到正確的態度。

「黃金潛能7」我對自己所做的事樂在其中！
——如何培育「自我幸福感」

不是「該有的樣子」而是「真實的自己」

所謂的自我幸福感，就是「有高低起伏的人生真快樂」、「做自己真是幸福」，以及「活在這世上真是太好了」等感受。

當然，並不是無論何時都要有這些心情。畢竟幸福感也不是隨手可得，而是在某個機緣下，深刻地感到「雖然發生了許多事，但我的人生畢竟不是一無是處」。這個感覺是起源於對自己所抱持的興趣，以及對自己的人生所抱持的關心。

為了讓孩子在人生歷程中能夠具備「自我幸福感」，父母能做的只有一件事。

那就是父母親自己是否覺得「人生真快樂」、「做自己真是幸福」。父母親能否「忠於自我」，不做「不好的忍耐（並非是自己決定要忍耐的事）」，也不做出「偽裝的自我犧牲（做給別人看，但說到底還是為了自己）」，而是**能夠認同真實的自己，並且忠於自己去過生活**。

如此一來，家中自然就會成為每個人都能「展現真我」的空間。

在前來向我尋求心理諮詢的人們當中，別說是「做自己真幸福」了，有些人甚至還會以「這樣的我真糟糕」、「我不是個好母親」來否定自己、責備自己。

在本書中我已多次提到，要處理這樣的狀況，必須好好面對這些問題，「自己為什麼會這麼想」、「自己真正的想法是什麼呢」。

我們要將在過去的人生中偽裝出來的「虛假的自己」一層一層剝除，並且與「真正的自己」面對面。而在這個過程中，我們就能感受到「不管是見不得人的我還是可恥的我，只要能全盤接受自己，就能更有自信」，真的非常不可思議。

真心生氣，真心喜悅，真心擁抱

只要走出家門，孩子就會遭遇或大或小的逆境及困難。說得極端一點，我們在緊要關頭終究還是得一個人去處理問題。正因為如此，無論是大人還是小孩，大家都是「在外頭打拚」。所以才會希望至少在家中，能有個「輕鬆的環境」，能夠安心回復為「真實的自己」。

不要讓國、高中時期的孩子「一回到家就覺得煩」，而要讓孩子覺得：「家中有我的容身之處，我今天也表現得很好，真開心！」這樣的家庭很讓人嚮往，而母親在家庭中所扮演的角色就像是太陽一般。

這不表示我們都不可以生氣。前文中已有提過，勉強自己擠出笑容，對孩子好言相勸，反而只會讓孩子感到不安而已。如果情緒、表情以及語言未能一致，倒不如不要勉強還比較好。

真心生氣、真心喜悅、真心擁抱，這樣就可以了。

並不是要將憤怒的情緒壓抑下來。但是，為了不要無謂地傷害孩子，或者是給自己造成壓力、讓自己痛苦，也為了建構出更美好的人生，我們要運用因應技巧，將所**有的壓力進行自我調整**。

當我們打從心裡感到幸福時，就利用表情和語言來表達。比如說，在用餐過後，說一聲「啊～好幸福」。洗完澡過後，說一句「真清爽，好幸福啊」。或是抱著孩子時說「抱著你，爸爸覺得好幸福喔」。在這些日常瑣事上，將情緒表達出來。

幸福就藏在生活中。這件事孩子也會知道。

與孩子一起想一想，什麼是幸福？什麼是愛？

我們可以常常這麼問孩子。

「對你來說，什麼時候會覺得幸福呢？」

打球的時候、跟朋友一起玩的時候，或者是在吃營養午餐的時候？答案五花八門，會隨著年齡而有所不同。

如果我們向孩子問到「幸福」或是「愛」，就會發現孩子的表達方式非常坦率。在這個過程當中，親子雙方都能培養出自己的一套想法或是價值觀。

前陣子我在八歲的女兒所訂閱的刊物當中，看到一本對象是法國低年級女學生的雜誌，專題內容為「愛是什麼？」一翻閱就看到「愛有許多種，有什麼樣的愛呢？你很愛媽媽吧，試著把它畫下來看看。」還附有一張母親抱著孩子的插圖。

下一頁則是「有時候你也愛男生吧，那是什麼樣的時候呢？」並附有一張心臟噗通噗通地跳著的圖，還有一張插圖是一個女生收到男生所送的花。

另外，在其他期數的雜誌當中，還有「你是誰？」這個專題。頁面中有著「你從哪裡來？」、「你為何會在這裡？」等問題。

在針對小學生所開設的心技體教室當中，我設定某個月份為「思索人生月」。每個孩子都能以豐富的表達能力來訴說「人生」。孩子們總是會讓我感受到，他們的思考方式遠遠超過你我的想像。

不要認為「他還只是個孩子……」無論什麼都可以問問看。

另外，也可以問問孩子，「幸福」、「高興」以及「快樂」分別會在什麼時候感受到呢。只要稍微改變一下表達方式，就能成為更深入思考的契機。

一開始無論哪個問題孩子都是回答「踢足球的時候」。但是過了不久，「什麼時候會覺得幸福呢？」「踢足球的時候。」「什麼時候會覺得高興呢？」「踢足球……嗯，是在得分的時候。」孩子的回答就會開始變化。這樣的作法能讓孩子有能力覺察自己的感受。

「黃金潛能8」我可以做出改變！——如何培育「自我改變能力」

培育改變自己的能力

自我改變能力，就是當我們感覺到「再這樣下去不行」的時候，即使只有一點點也好，能夠向前邁進並改變自己的能力。

以棒球隊為例。當被告知「你再這樣下去，明年就不能上場了」的時候，「好，如果是這樣，我要怎麼做出改變才好呢？」是否能夠立刻採取行動，以免就此一蹶不振。

我在前文中提過，培育出這項能力的重點是，如果發現孩子最近有某些進步或改善，**①在注意到時，就②具體地、③馬上指出來**。

我們平常會說的「你長高了喔」這句話，也是其中之一。

提到這一點的好處是，這個變化是自然產生的，並非孩子自己能夠掌控。

除此之外，還有：

「最近有點不一樣喔，變得有體力了。」

「哎呀，你有點變聲了喔！」這些話也都可以。

這麼做的目的，是教育孩子**「人類是普遍而有限的存在，隨著時間的推移，人生也會產生變化」**，並且讓孩子熟悉這樣的理念。

如此一來，孩子就不會因為「不想改變」而造成壓力。尤其是在長大成人之後，才不會因為「想要保持現狀就好」而永遠停滯不前，或者是在遭受考驗時「真想回到以前」、「真想重來一次」，甚至「真希望沒發生這些事，希望時光能夠倒流」，無法放開心胸，只能憂心忡忡地承受著壓力。

人生中有時會遭遇到真正的苦難。不管是遇到天災，還是失去重要的東西，已經發生的事，我們無力改變。我們只能磨練出一個「通過考驗後的自己」。

人生中免不了會有變化。即使不想改變，也是時時刻刻都在變化著。朝向衰老、死亡邁進，我們無法得知自己會在什麼時候、因為何種原因而死去。

在這個我們無法改變某些「變化」的世界中，自己唯一能做的就是不隨波逐流，並且要「主動改變自己」。

除了時間之外，在這世上仍有許多事情是我們改變不了的。而在這當中，我認為重要的是，要讓孩子知道如何才能不斷地去改變「自己可以改變的事」，並且也要讓孩子知道哪些事情是我們無能為力的。

「無論發生什麼，只要從改變自己來著手就好」，這樣的想法，在我們培育「逆境因應能力」時可隨之產生。

正面驅策的八項黃金潛能是彼此相關的。

給予孩子支持的八大黃金潛能

另一個值得推薦的方法是，當孩子從失敗中站起來，並朝向更好的方向改變時，我們可以問問孩子：「怎麼會有這麼大的轉變呢？是什麼讓你改變了這麼多？」

例如F最近的課業成績突飛猛進。試著問問F：「最近這三個月你成績進步不少，在這段期間你做了什麼改變呢？」F回答說：「我最近上課都有專心聽講，之前上課時都沒認真聽老師說話。」他自己清楚知道原因。

我們可以跟他說：「所以是因為你想要『自己來做點改變』，所以才有了變化啊。」一面為他的改變賦予意義，一面稱讚。

父母可以將這八個正面驅策熟記於心，再轉換成「我是愛你的」、「你做得到」等句子，並且時常向孩子說這些話。這麼做，就能看到效果。

另外，「讓孩子唸出口號，進而記住這些口號」也是不錯的方式。我就曾讓我的孩子在學齡前這麼做過。如果孩子的年紀還小，可以把口號改得更簡單一點。

這麼一來，這些口號就會不斷地融入意識當中。即使某天父母親都不在了，還是會在孩子心中**永遠建構起一個強大又溫柔的精神支柱**。

正面驅策的八大黃金潛能

1	我是被愛著的！（自我認同感）
2	我做得到！（自我效能感）
3	重點是要去挑戰！（挑戰精神）
4	對自己的行為負責！（自我責任感）
5	就算失敗也無妨！（接受失敗）
6	犯了錯我可以改！（逆境因應能力）
7	我對自己所做的事樂在其中！（自我幸福感）
8	我可以做出改變！（自我改變能力）

訪談專欄

充滿愛的親子教養方式

日本枝光會附屬幼稚園園長
角田泰子老師

我曾經想過：「如果我將來要寫一本關於教養的書，一定要和她訪談。」那就是位於東京都港區高輪地區，我年幼時期曾就讀過的母校——枝光會附屬幼稚園的園長，角田泰子老師。

該校由於培育出許多政經界、演藝界，以及體育界等多項領域的人才而聞名。就我所知的有：作曲家都倉俊一先生、伊藤醫院（專精於甲狀腺疾病的治療）的伊藤公一先生，以及日本交通株式會社的社長川鍋一朗先生。體育界則有高爾夫球解說員戶張捷先生、網球選手松岡修造先生，以及花式溜冰選手八木沼純子等人。

創校六十三年以來，畢業生人數已達三千人以上。日本最資深的幼稚園園長——角田老師，即使現今已有九十歲高齡，卻仍可在每日與孩子們的相處中領悟到教養的奧秘，現在我們就來向她請教。

◆老師從未對我說過「不可以這麼做」（笑）——田中

田中　枝光會有許多畢業生活躍於各個領域，加上升學成績優良，因此樹立了良好的口碑。不知道是否有什麼特別的教育方針呢？

角田　（微笑著說）沒有什麼特別的教育方針，不過就是**教育孩子，「不能做的事」絕對不能做。無論是在家裡、在幼稚園或其他地方。**而如果孩子做了，就一定要讓孩子說「對不起」。

不過，真的不能做的事情，**其實只有兩件**。也就是「不可對父母出言不遜」以及「不可以動手打父母」。

除此之外什麼都可以做。不管玩得全身是泥還是吵架，有時還會有打打鬧鬧的情況。

因為孩子的語言表達能力還在發展當中，如果遇到不懂得如何以語言表達的狀況也沒辦法呀！孩子們就是這樣才能學會許多事。不過，我倒是會嚴肅地告訴他們「脖子以上的部位絕對不可以（動手打人）」。

田中　回想起來，以前老師真的是什麼都讓我做呢，**從來沒對我說過「不可以這麼做」**（笑）。

總之，那三年真的過得很快樂，每天都在玩。那時候年紀小，雖然只上半天課，但是到了回家的時間已經昏昏欲睡，都沒辦法自己走了。

角田　是啊，所以都是媽媽揹著你回家呢！

田中　沒錯、沒錯（笑）。學校也安排了許多活動，讓我們獲得許多寶貴的經驗，我到現在還覺得很感謝呢。

用語言來表達也許聽起來很隨便，但是我認為，對我們這些畢業生來說，**這裡是「讓我們感受到愛的地方」**，所以畢業生才會到現在還是經常來訪，我也常來打擾（笑）。

大家為什麼會這麼想來呢，不管到了幾歲，或者是有了什麼樣的社會地位，還是會想回來這裡。

角田　就是啊，大家都那麼常來，我真的很開心。

從畢業生那裡拿到名片的時候，頭銜是執行董事什麼的，大家都好有成就。「那個小蘿蔔頭〇〇現在居然是……」，真是意想不到呢（笑）。

◆沒有不能承擔的試煉——角田

田中　在教養孩子時，**許多人都有可能不知不覺就煩燥起來，或者是出聲責罵孩子。**不過，我從來沒聽過老師對誰大小聲。老師您都不會生氣嗎？（笑）

角田　有時候也會一些負面情緒，不過倒是沒有因此就對誰發過脾氣。

田中　那您如何排解這些壓力呢？

角田　我就禱告，或者是自己一個人靜一靜，有時也會跟同事或朋友談談。

田中　真了不起（笑）。我們這些當媽的人常會在生過氣之後陷入罪惡感當中，覺得自己「氣過頭了」、「說得太過分了」。老師都不會這樣呢（笑）！

情緒焦躁，或是感到怒火中燒，這些負面情緒老師您不覺得不好嗎？

角田　我覺得那沒關係喲，因為是人類自然的情感，人們的心中當然會有許多想法。即使是耶穌，也是有敵人的，也曾經覺得「真討厭」吧（笑）。

不過呢，上帝給我們的試煉絕不會超過我們所能承擔的，因為上帝不會給人完成不了的「作業」。雖然教養孩子很辛苦，但是既然被交付了這項「作業」，也就表示父母親具備了足以承擔的力量。

無論處境有多麼艱辛都沒有問題，一定會有人挺身相助，總會有辦法的。

田中　「作業」這樣的表達方式真不錯。比起「試煉」，看作是「作業」，就有種「非做不可」的感覺呢（笑）。老師在戰後經營幼稚園長達六十年以上，也有一些辛苦的地方吧？

角田　戰爭結束時，這一帶是一片廢墟。大人忙於重建生活，沒有餘力照顧孩子。

所以我才開設了幼稚園。當時不管誰都過得很困苦，但卻有許多人肯伸出援手。他們從少得可憐的存款當中拿出錢來，說著「雖然只有這麼一點」，把錢捐贈給我們。

我覺得以前的日本人真是了不起呢，就算自己擁有的很少、生活拮据，但是一旦遇到問題，還是會熱心幫忙。

至於現在……是啊，令人遺憾的是，這個世界變了。

◆愛別人的孩子，自己的孩子也會有好處

角田　我想這是整個世界的傾向，應該稱為「個人主義」嗎？「只顧自己和孩子就好」的人增加了，而不是「愛自己的孩子，也愛別人的孩子」。

如果一直這麼發展下去，「只為自己」的人不斷增加，我想日本這個國家就不行了。

田中　舉例來說，您是在什麼狀況下會有這樣的感受呢？

角田　如果孩子們打架的話，不管哪個孩子都有他自己的一套說法吧。然而，有些家長就只會著眼於「我家的孩子被打了」，因而表現出咄咄逼人的態度。

於是呢，一件「小事」就變成了「大事」，甚至還寄 E-mail 給其他家長，說「那個孩子有暴力行為，把我的孩子打成這樣」。所以，另一個孩子的母親就很可憐地陷入沮喪中。

田中　「不管是誰家的孩子，大家都共同照顧」，這樣的社會，才能客觀地從不同角度來審視孩子。

角田　真的是這樣。我認為**有意識地拓展我們的視野，並且自己和孩子都能為他人著想、與他人建立關係**，是很重要的一件事。

田中　最後想請問老師，在教養上重要的是什麼呢？

角田　**一個母親首先要愛「自己」**。唯有真正愛自己，才能愛別人。

「我討厭這樣的自己」、「我和婆婆就是處不來，真討厭」等等，每個人都有討厭的事。不過，我們要想辦法加以改善，像這樣持續地愛自己，是非常重要的。

後記

我在本書中一直想要傳達的一個基本理念，是「如何培育一個人，並沒有指導手冊可參考」。

我親身歷經了以奧運為目標的運動選手時期，指導各國奧運選手的教練時期，現在我為選手或教練提供心理諮詢，我的感想是「一樣米養百樣人」。

正因為如此，我認為即便我們站在培育人才的立場上，「認識自己、試著了解自己，並堅持探索自己」還是很重要的。

只有當我們自己堅持這麼做，才能夠向孩子們傳達「了解自己、創造自己、改變自己」的理念。

我在二十一歲時獲得奧運銅牌，而在結束運動生涯之際，頓時失去了人生目標。我無法承認自己的膚淺，因而拚命偽裝自己，滿腦子擔心著：「別人怎麼看我呢？我看起來是個像樣的人嗎？」我迷失了自己，不斷煩惱「自己的人生到底是什麼」，最後逃避似地去了美國。

當我二十七歲時，從第一間研究所畢業。因為當時教授的一句話，才有了現在的我。

"The greatest thing in your life is being who you are."

「人生中最偉大的，就是做你自己。」

「做自己」。

對於當時的我來說，「啊？這樣就可以了嗎？」我不能理解。但是在過了五年、十年、十五年之後，隨著年齡的增長，我逐漸感受到這句話的重要性。

即使成為了母親，我還是我，成不了什麼偉人。我甚至常常很不爭氣地想著：「孩子有我這樣的母親，沒問題嗎？」

生下第一個孩子之後，我就感受到了育兒壓力。因為我認為自己「不是個好媽媽」、「做不好育兒工作」，所以才會不斷累積壓力。如果當時我沒有學習因應技巧的話，還真不知道會變成怎麼樣。

正在閱讀此書的讀者之中，也許有人也正在承受著育兒壓力。

「不要緊，總有一天一定會結束。」

這句話是在十年前，當我被許多待購商品和哭鬧不停的孩子弄得焦頭爛額，在超市中動彈不得時，一位向我伸出援手的老太太所說的話。

那些曾經讓我那麼厭煩的日子；那些倉皇失措，忙於照顧孩子的日子。在最疲累的時候，我曾經向孩子說出「拜託你們，讓媽媽一個人靜一靜」這樣的話，不過現在回想起來，那已經成為今生無緣再體驗的辛勞了。

讓我獲益良多的因應技巧，如果也能對各位讀者的生活有著些許幫助，那真是再好不過的了。

育兒總會有結束的一天。

總有一天一定會清閒下來。
不過我暫時還是要繼續教養孩子。
就讓我們一起「心態輕鬆」地努力吧！

因為許多人的協助，我才能夠完成此書。感謝中經出版的天野智子小姐，每當我開始脫離軌道，寫出讓人不知所云的句子時，她就會讓我回到正軌。感謝編輯磯崎先生，如果沒有磯崎先生的協助，就無法完成此書。

另外，我也要感謝角田泰子園長，謝謝園長讓我完成了訪談的夢想。

最後我要謝謝外子——雖然他恐怕認為「連你都能出一本教養書籍的話，這個世界就完蛋了」，以及一直為我提供點子的一對兒女，並且還要謝謝一直愛著這個「真實的我」的爸媽與姐姐，在此說聲「謝謝你們一直以來的包容」以作為結語。

最後我要感謝各位讀者閱讀此書。

寫於雨後陽光柔和明媚的白金台自宅

田中 Oulevey 京

國家圖書館出版品預行編目（CIP）資料

奧運教練教孩子3秒鐘潛能培養法——正面驅策幫助孩子成就自我，找到人生目標 / 田中 Oulevey 京作 ; 殷潔芳譯. -- 初版. -- 新北市 : 世茂, 2014.04
面； 公分. --（婦幼館 ; 143）
ISBN 978-986-5779-22-1（平裝）

1.家庭教育 2.子女教育

528.2 103000459

婦幼館 143

奧運教練教孩子3秒鐘潛能培養法
——正面驅策幫助孩子成就自我，找到人生目標

作　　者／田中 Oulevey 京
譯　　者／殷潔芳
主　　編／陳文君
責任編輯／李芸
封面設計／張雅婷
出 版 者／世茂出版有限公司
負 責 人／簡泰雄
地　　址／（231）新北市新店區民生路19號5樓
電　　話／（02）2218-3277
傳　　真／（02）2218-3239（訂書專線）
（02）2218-7539
劃撥帳號／19911841
戶　　名／世茂出版有限公司　單次郵購總金額未滿500元（含），請加50元掛號費
世茂網站／www.coolbooks.com.tw
排版製版／辰皓國際出版製作有限公司
印　　刷／世和彩色印刷股份有限公司
初版一刷／2014年4月

I S B N／978-986-5779-22-1
定　　價／260元

TATTA 3-BYO DE KODOMO GA KAWARU! KOTOBA NO MAHO
by Miyako Uruve Tanaka

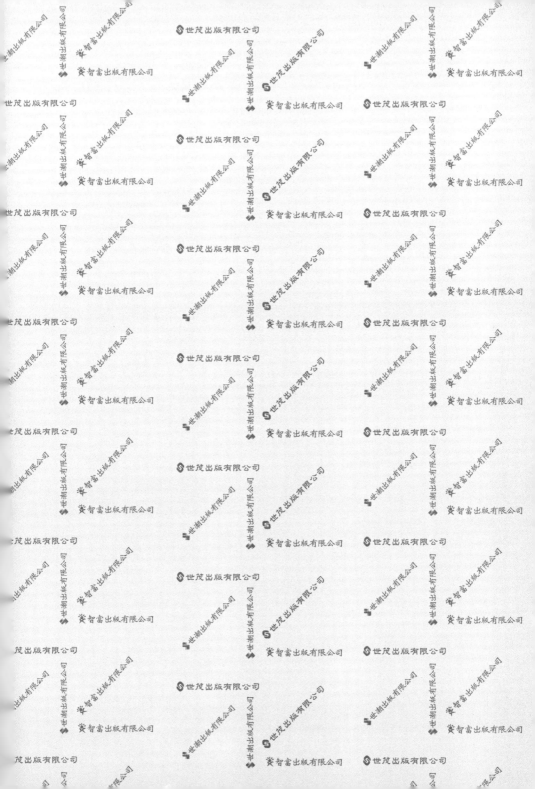

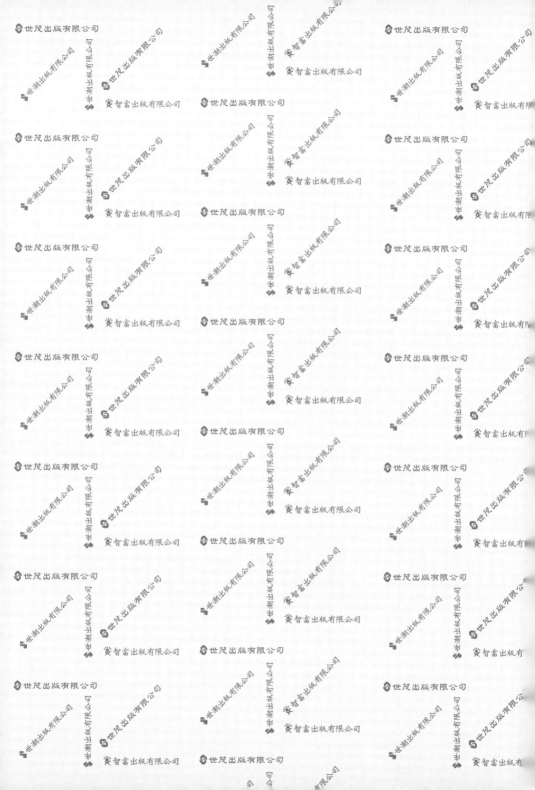